湖北省学术著作
Hubei Special Funds for
Academic Publications 出版专项资金

司法改革背景下我国民事诉讼运行机制完善研究丛书／总主编　占善刚

民事诉讼请求研究

朱建敏　著

WUHAN UNIVERSITY PRESS
武汉大学出版社

图书在版编目(CIP)数据

民事诉讼请求研究/朱建敏著 . —武汉：武汉大学出版社,2020.12
司法改革背景下我国民事诉讼运行机制完善研究丛书/占善刚总主编
湖北省学术著作出版专项资金资助项目
ISBN 978-7-307-21974-8

Ⅰ.民… Ⅱ.朱… Ⅲ.民事诉讼—司法制度—研究—中国
Ⅳ.D925.104

中国版本图书馆 CIP 数据核字(2020)第 234974 号

责任编辑:张　欣　　　　责任校对:汪欣怡　　　　版式设计:马　佳

出版发行:**武汉大学出版社**　 (430072　武昌　珞珈山)
　　　　(电子邮箱:cbs22@ whu.edu.cn　网址:www.wdp.com.cn)
印刷:武汉中远印务有限公司
开本:720×1000　 1/16　 印张:12.25　 字数:176 千字　 插页:2
版次:2020 年 12 月第 1 版　　 2020 年 12 月第 1 次印刷
ISBN 978-7-307-21974-8　　　 定价:88.00 元

总　序

　　民事诉讼乃为解决民事纠纷而设的司法程序。为妥当地解决民事纠纷，在民事诉讼运行的不同阶段，除应恪守各自固有的程序规范外，更应自觉遵循民事诉讼的基本原理。各国民事诉讼立法虽然具有各自不同的具体程序设计，但蕴含的基本法理是共通的。譬如，各国民事诉讼立法殆皆将处分权主义、辩论主义奉为民事诉讼运行的圭臬，将直接原则、言辞原则立为民事诉讼程序展开的基石。

　　自1999年最高人民法院颁行第一个司法改革五年纲要迄今，中国的司法改革已推行二十余载。从最初的民事审判方式改进、举证责任的落实到近来的互联网法院、诉讼电子化，我国民事诉讼总体上已由职权主义转向当事人主义。在民事诉讼运行中，体认并遵守处分权主义、辩论主义的本旨，明了并贯彻直接原则、言辞原则的要义已成为我国民事诉讼学者与法律职业共同体的共同鹄的。在当前司法改革的大背景下，立足于立法论及解释论，进一步探究民事诉讼运行的基本法理，并就我国民事诉讼运行机制的完善提出科学的学术方案是吾人责无旁贷之职责。受湖北省学术著作出版专项资金项目资助，笔者主持完成的《司法改革背景下我国民事诉讼运行机制完善研究丛书》正是因循这一思路的学术成果。

　　《司法改革背景下我国民事诉讼运行机制完善研究丛书》以民事诉讼运行原理与我国民事诉讼运行机制的完善为立论基点，分别研究了民事诉讼运行的内在机理及各具体制度良性运作应有的逻辑起点与妥当路径。本丛书共计九册，具体如下：

　　1. 占善刚博士的《民事诉讼运行的内在机理研究》以程序的整体推进为视角，对民事诉讼运行应遵循的基本法理做了深入的比较法研究；

2. 刘显鹏博士的《民事证明制度改革的架构与径路研究》宏观分析了我国民事诉讼证明制度存在的问题，指出了我国民事证明制度应有的改革方向；

3. 朱建敏博士的《民事诉讼请求研究》厘定了我国民事诉讼请求的特有意涵，探讨了诉讼请求与诉讼标的在规范层面与实务中的不同功能；

4. 杨瑜娴博士的《民事诉讼鉴定费用制度研究》阐释了民事诉讼鉴定费用的性质、构成及给付路径，提出了完善我国民事诉讼鉴定费用制度的建议；

5. 刘丹博士的《民事诉讼主张制度研究》以主张内涵的界定为逻辑起点，缕析了民事诉讼中主张的类型及机能，提出了完善我国主张制度的建议；

6. 郝晶晶博士的《民事诉讼身份关系案件审理程序研究》立足于身份关系诉讼与财产关系诉讼之二元论，讨论了如何科学设计民事诉讼身份关系案件审理程序；

7. 刘芳博士的《民事诉讼担保制度研究》全面梳理了诉讼担保的性质、特征、类型，指出了完善我国民事诉讼担保制度的建议；

8. 黄鑫淼博士的《民事诉讼发回重审制度研究》以发回重审与程序违法之关系为主线，探讨了构成发回重审事由的条件，界分了发回重审事由的类型；

9. 倪培根博士的《民事诉讼听审请求权研究》阐明了听审请求权在民事诉讼中的确立依据，在我国民事诉讼规范中的体现以及未来的改进方向。

需要特别提及的是，《司法改革背景下我国民事诉讼运行机制完善研究丛书》从最初的项目策划到最后的顺利付梓都倾注了武汉大学出版社张欣老师的心血，没有他的辛苦付出，丛书的面世断无可能。在此对张欣老师表示最真挚的谢意！

占善刚

2020 年 1 月 1 日

于武汉大学珞珈山

序

在大陆法系比较民事诉讼法语境中，"诉讼上的请求（Prozessualer Anspruch）"与"诉讼标的（Streitgegenstand）"是同义概念，具有大体相同的内涵与外延。但在我国民事诉讼法文本与司法实务中，诉讼请求与诉讼标的是相互区分并杂糅使用的两个概念，如何界分这两个概念的各自内涵及其功能、确定彼此应有的适用畛域，日益成为我国民事诉讼法学亟待解决的重大课题。朱建敏博士不惮劳苦撰写《民事诉讼请求研究》即是对该课题研究的重要的有益的尝试。

在本书中，作者在对国内关于诉讼请求的各种观点全面地梳理、评析并检讨的基础上，界定了诉讼请求的概念以及诉讼请求与诉讼标的之相互关系。作者认为，诉讼请求是基于诉讼标的提出的权利主张，是识别诉讼标的的主要依据，但诉讼标的不仅指诉讼请求辐射的案件实体，还包括案件事实以及诉讼理由等内容。以此为据，作者初步建立了关于诉讼请求的理论框架，讨论了承认诉讼请求、合并诉讼请求、漏判诉讼请求等不同程序场景下当如何进行处理等基本问题。不难看出，作者乃有意地将诉讼请求融入到关联制度的适用中作体系化的思考，以实现民事诉讼具体制度运行中的相互衔接。

为求诉讼请求研究的本土化，作者并没有停留在对诉讼请求进行纯学理层面的概念阐释与逻辑推衍。在本书中，作者不费词章，对我国民事司法实务中关于诉讼请求的识别以及相关诉讼制度的适用做了扎实的实证分析。立足于司法实务中鲜活的实实在在的问题，寻求最为妥当的解决路径是我们进行法学研究最应提倡的治学范式。朱建敏博士的《民事诉讼请求研究》一书无疑对该治学范式做了最佳诠释。这样的学术自觉显然得益于作者自武汉大学诉讼法学硕士毕业后一直从事法律实务工作的历练。

自恢复法科教育以来，介绍比较法制度的译著时常问世，其中不乏译介域外民事诉讼法学的著作，作为民事诉讼基础理论之一的诉讼标的正是在这样的背景下进入我国民诉学界。不过，坊间译本多未将"诉讼上的请求"与"诉讼请求"明确区分，初学者如果不谙德日文献，很可能"望文生义"，误认"诉讼上的请求"即为我国民事诉讼法中的"诉讼请求"，而未能觉察"诉讼请求"在我国立法语境中的特别意义。《民事诉讼请求研究》坚持了学界少有的学术自觉，对我国民事诉讼法中的固有概念"诉讼请求"作了殆至今日的最为妥当的把握。这一点殊值称道。

占善刚

2020 年 8 月 8 日

目　　录

引　言

一、研究理由与意义

民事诉讼请求（以下简称"诉讼请求"）是民事诉讼理论和民事诉讼实践中基础性的概念。从理论上看，其与诉和诉讼标的密切相关；从实践角度看，其对民事诉讼法律关系的形成、推进以及终结有着重要影响，不仅事关当事人诉讼成败，同时对法院的审理、裁判形成制约。我国现行民诉立法及司法解释中有大量条文使用了"诉讼请求"这一术语，① 但对何谓诉讼请求却未作任何界定。理论上有观点认为诉讼请求就是诉讼标的，两者并无分别；也有观点认为，诉讼请求与诉讼标的是两个概念，二者并不相同。② 从《中华人民共和国民事诉讼法》（以下简称"我国民诉法"）的规定来看，其中既使用了"诉讼请求"概念，也使用了"诉讼标的"概念，很显然，立法将两者区别使用。本书也认为诉讼请求与诉讼标的是两个不同的概念，我国民诉法、司法解释以及诉讼实践中通常使用的诉讼请求实际上相当于诉之声明，③ 与诉讼标的具有不同内涵和价值。

---

① 笔者经检索中国审判法律应用支持系统《中国法律法规规章司法解释全库》，《中华人民共和国民事诉讼法》共有 10 个条文 18 次使用"诉讼请求"这一概念，另外，至少有 66 个司法解释 141 次使用"诉讼请求"这一概念。

② 参见江伟主编：《民事诉讼法》，高等教育出版社 2004 年版，第 12 页。

③ 参见李仕春：《诉之合并制度研究》，载陈光中、江伟主编：《诉讼法论丛（第 5 卷）》，法律出版社 2000 年版，第 344 页。

　　长期以来，国内学者在研究民事诉讼法学理论时习惯于对大陆法系民事诉讼法所惯常使用的一些范畴进行"比较法"的研究，这些研究对于民事诉讼法学理论体系的建构与完善起到了至关重要的作用。但是，由于基础理论的抽象性，再加上我们的研究方法常囿于从"某说"到"某说"的介绍与评析，缺少对当下民诉法及诉讼实践的深入关注，因此，民事诉讼法学理论研究与诉讼实践脱节的问题比较严重，这一问题在对诉、诉讼标的、诉讼请求这一组基础性概念的研究上表现得尤为明显。尽管民诉法和司法解释对诉讼请求作了多处规定，但国内民诉法学界却更多关注诉讼标的、诉之变更、诉之合并等问题，对诉讼请求关注较少。由于没有将诉的理论和诉讼标的理论"纳入审判实践中去界定、分解或重构"，故在司法实务界，在大多数审判人员意识中，诉与诉讼标的之概念只不过是学术圈内自娱自乐的游戏符号而已，与具体诉讼实践几乎没有关联。① 这种状况一方面削弱了理论研究的价值，另一方面也造成实践的混乱。因此，有必要从缕析诉、诉讼标的、诉讼请求三者关系出发，借助诉与诉讼标的研究成果，对我国民诉法及司法解释中的诉讼请求进行系统分析与研究。

　　概言之，本书的研究至少具有以下三方面的意义：

　　第一，有助于深化对诉、诉讼标的等范畴的研究。诉的理论和诉讼标的理论是民事诉讼法学研究不可回避的基础性问题，对于民事诉讼法学习者和研究者来讲，"就像一座必须经过的桥"。② 然而，我国民事诉讼法学界对诉的理论和诉讼标的理论的研究总体而言是肤浅的，有学者形容为"处于死水微澜的状态"。③ 造成这种状况的原因很复杂，但其中很重要的一点就是研究方法问题。对诉和诉讼标的之研究必须紧扣民诉立法及诉讼实践，只有找到诉、诉

讼标的理论与诉讼实践的连接点，这样的研究才有生命力，有价值，而诉讼请求问题恰恰就是诉、诉讼标的理论与诉讼实践的连接点。我国民诉法和司法解释有大量条文对诉讼请求相关内容作了规定，在诉讼实践中，当事人、审判人员也大量使用"诉讼请求"这一概念。对诉讼请求的研究客观上必将凸显诉与诉讼标的研究的价值，同时，对诉讼请求的研究也将拓展诉与诉讼标的研究的思路，为诉与诉讼标的研究积累更丰富的素材。

第二，有助于促进民事诉讼立法完善。我国现行民诉法及司法解释对诉讼请求作了大量规定，但对于究竟何谓诉讼请求，理论上认识并不清晰，各项规则所指涉的诉讼请求含义也不完全统一。"一如对诉讼标的的探讨一样，到目前为止，人们尚不能对诉讼请求的内涵达成共识，在理论和实践中使用这个概念的时候，其内容往往是各有所指，比较混乱。"① 故从理论上对诉讼请求内涵进行辨析，对民诉立法和司法解释中有关诉讼请求的规定进行研究，显然将对规范地运用诉讼请求概念、完善有关诉讼请求的规定起到积极作用。

第三，有助于指导诉讼实践。在我国民事诉讼实践中，诉讼请求是一个被广泛使用的概念，当事人放弃诉讼请求、承认对方诉讼请求、变更诉讼请求、合并诉讼请求、漏判诉讼请求等，都是经常碰到的问题。然而，由于我国民诉法和司法解释对这些问题均规定得比较简单，理论研究又关注较少，因此实践中对此类问题的把握与处理往往没有统一的思路，缺乏规范的程序。通过对诉讼请求内涵进行辨析，并将大陆法系民事诉讼法学理论中抽象的诉、诉讼标的理论进行"分解、重构"，从而构建相对体系化的诉讼请求理论，必将为诉讼实践提供有益指导。

二、研究现状

经检索，目前国内学术界尚无学者专门就诉讼请求问题进行系

---

① 赵秀举：《诉讼请求的比较分析》，载江伟主编：《比较民事诉讼法国际研讨会论文集》，中国政法大学出版社 2004 年版，第 450 页。

统研究。据笔者统计，对诉讼请求某一方面问题进行研究的论文主要有：姜亚行：《论民事诉讼中的变更诉讼请求》，载《法律科学》1990 年第 2 期；汤维建：《也论民事诉讼中的变更诉讼请求》，载《法律科学》1991 年第 2 期；李辰章：《"诉讼请求"在案件审理中的核心地位》，载《法学》1995 年第 5 期；张晋红：《论放弃诉讼请求》，载《政治与法律》1995 年第 5 期；李辰章：《谈谈对"诉讼请求"的再认识》，载《法律适用》1996 年第 6 期；廖中洪、相庆梅：《当事人变更诉讼请求的法理思考》，载《西南政法大学学报》2000 年第 5 期；陈爱武：《论民事诉讼中当事人的认诺》，载《淮阴师范学院学报》2001 年第 4 期；朱兴有、郑斌锋：《诉的合并与诉讼请求的合并之界定》，载《西南民族学院学报（哲学社会科学版）》2002 年第 8 期；武胜建、叶新火：《从阐明看法官诉讼请求变更告知义务》，载《法学》2003 年第 3 期；赵秀举：《诉讼请求的比较分析》，载江伟主编：《比较民事诉讼法国际研讨会论文集》，中国政法大学出版社 2004 年版；李锦霞、王俊霞：《法院宣告合同无效与当事人诉讼请求衔接的探讨》，载《广播电视大学学报（哲学社会科学版）》2004 年第 2 期；沈舟平：《中间确认与告知当事人变更诉讼请求》，载《浙江工商大学学报》2005 年第 1 期；蒲菊花：《部分请求理论的理性分析》，载《现代法学》2005 年第 1 期；占善刚、阮志勇：《漏判及其救济刍议》，载《海南大学学报（人文社会科学版）》2007 年第 4 期；叶自强：《放弃请求制度的理论、释疑和立法建议》，载《环球法律评论》2007 年第 5 期；赵钢：《法院确认超诉请范围的调解协议之法理基础》，载《法学评论》2007 年第 5 期；赵泽君：《民事裁判遗漏的补充判决制度》，载《政法论坛》2008 年第 4 期；梁开斌：《论诉讼请求的分割》，载《中共福建省委党校学报》2008 年第 9 期；王耀：《诉讼请求组合形态研究》，西南政法大学 2011 届硕士论文；左树：《论诉讼请求审判遗漏之救济》，南京师范大学 2011 届硕士论文；龚钰：《论民事诉讼的放弃诉讼请求》，西南政法大学 2014 届硕士论文；程春华：《论民事诉讼中诉讼标的与诉讼请求之关系》，载《法律适用》2014 年第 5 期；董少谋：《诉讼请求论——以诉讼请求为轴线重述民事诉讼基本理论》，载《民事程序法研究》2016 年第 1 期；王杏飞：《对我国民事诉判关系的再思考》，载《中国法学》2019 年第 2 期；任重：《释明变更诉讼请求的标准》，载《法学研究》2019 年第 4 期。另外，国内学者研究诉、诉讼标的或处分原则等问题有时也会侧面涉及诉讼请求问题。

在国外民事诉讼法学理论中，诉讼请求也是广为使用的概念，但具体称谓不尽相同。英美法系国家与我们通常使用的诉讼请求相对应的概念是救济请求（remedy），① 法国称为"诉讼的目标"，日本称为"请求旨意"，我国台湾地区称为"应受判决事项之声明"。②德国称为"诉之申请（Antrag）"。③ 就笔者收集的德、日两国以及我国台湾地区的文献资料来看，域外民事诉讼理论对诉讼请求的研究往往也是散见于对诉和诉讼标的的研究之中，同样缺乏系统、专门的论述。以一些代表性的著作、论文为例：［德］狄特·克罗林庚：《德国民事诉讼法律与实务》，刘汉富译，法律出版社 2000 年版；［德］奥特马·尧厄尼希：《民事诉讼法》，周翠译，法律出版社 2003 年版；［德］汉斯—约阿希姆·穆泽拉克：《德国民事诉讼法基础教程》，周翠译，中国政法大学出版社 2005 年版；［日］兼子一、竹下守夫：《民事诉讼法》，白绿铉译，法律出版社 1995 年版；［日］三月章：《日本民事诉讼法》，汪一凡等译，台湾五南图书出版公司 1997 年版；［日］中村英郎：《新民事诉讼法讲义》，陈刚、林剑锋、郭美松译，法律出版社 2001 年版；［日］高桥宏志：《民事诉讼法制度与理论的深层分析》，林剑锋译，法律出版社 2003 年版；［日］高木丰三：《日本民事诉讼法论纲》，陈与年译，洪冬英勘校，中国政法大学出版社 2006 年版；［日］高桥宏志：《重点讲义民事诉讼法》，张卫平、许可译，法律

① 赵秀举：《诉讼请求的比较分析》，载江伟主编：《比较民事诉讼法国际研讨会论文集》，中国政法大学出版社 2004 年版，第 449 页。
② 李仕春：《诉之合并制度研究》，载陈光中、江伟主编：《诉讼法论丛（第 5 卷）》，法律出版社 2000 年版，第 344 页。
③ ［德］汉斯-约阿希姆·穆泽拉克：《德国民事诉讼法基础教程》，周翠译，中国政法大学出版社 2005 年版，第 36 页。

出版社 2007 年版；〔日〕中村宗雄、中村英郎：《诉讼法学方法论》，陈刚、段文波译，中国法制出版社 2009 年版。陈荣宗：《民事程序法与诉讼标的理论》，台湾大学法学丛书编辑委员会编辑 1977 年版；许士宦：《诉之变更、追加与阐明》，载《台大法学论丛》2003 年第 3 期；许士宦：《民事诉讼法修正后之诉讼标的理论》，载《台大法学论丛》2005 年第 1 期；黄国昌等：《争点整理后之客观诉之变更追加——以"请求之基础事实同一"为中心》，载《法学丛刊》NO. 212。这些著作、论文论述诉讼请求，要么是在阐述诉状的必要记载事项时有简单述及，要么是在论述诉之变更时有简单述及，还有的是在论述诉讼标的识别时有简单述及，鲜有学者将诉讼请求作为一个独立的问题加以专门研究。上述著作、论文有关诉讼请求的内容一方面为本书的写作提供了启示和借鉴，另一方面也留下了进一步探讨的空间和余地。

第一章　诉讼请求内涵辨析及其分类

第一节　诉讼请求的概念

诉讼请求是民事诉讼理论和民事诉讼实践中的重要概念，我国现行民诉法及司法解释对其作了大量规定，但对究竟何谓"诉讼请求"，理论上认识并不清晰，立法用语本身指涉也不完全统一。因此，在展开本书论述之前，有必要对诉讼请求的内涵进行认真辨析，以明确其概念、分类以及与相关术语的关系。

一、国内有关诉讼请求的概念及其评析

（一）国内关于诉讼请求的各种定义

关于如何界定诉讼请求，国内学术界主要有以下观点：

1. 我国民事诉讼法学传统观点认为，诉讼请求与诉讼标的是不同的概念，诉讼请求是当事人在诉讼中提出的具体请求，而诉讼标的则是当事人争议的民事实体法律关系。① 但也有观点认为，诉讼标的与诉讼请求是同义的，因为诉讼标的与诉讼请求的区别在理论和实务上并没有实际意义，仅是徒增了诉讼理论的繁琐。② 关于诉讼请求与诉讼标的之间的关系，下文将有专节论述，此处不赘述。

---

① 参见江伟主编：《民事诉讼法》，高等教育出版社 2004 年版，第 12 页。

② 参见江伟主编：《民事诉讼法》，高等教育出版社 2004 年版，第 12 页。

2. 有观点认为，诉讼请求是原告以起诉的方式，通过受诉法院向被告提出的实体权利主张。①

3. 有观点认为，诉讼请求仅限于实体意义方面的内容，是诉方当事人所提出的解决民事纠纷的具体方案，也即原告向被告提出的权利主张。②

4. 有观点认为，诉讼请求是一方当事人就其与对方当事人之间的民事纠纷如何处理而提交法院作为审判客体的诉讼主张。③

5. 有观点认为，诉讼请求是原告以实体权利为依据，向法院提出并要求法院予以判决的请求。④

6. 有观点认为，诉讼请求是指当事人在诉讼过程中根据诉讼标的向法院提出的具体权益请求。⑤

7. 有观点认为："诉讼请求应当为当事人向法院提出的实体权利主张。"⑥ 诉讼请求反映到诉讼实践中，是指原告对所希望获得的救济的主张，也就是对通过诉讼所要获得的法律效果的主张，其具体内容在给付之诉中就体现为要求被告承担民事责任的具体方式，在确认之诉中表现为要求法院对某项具体权利之存否加以确认，在变更之诉中直接表现为对变更或者消灭某种法律关系的法律效果的要求。

（二）对各种界定的评析与反思

国内学术界关于诉讼请求的各种界定，归纳起来有以下争议：第一，关于诉讼请求是否必须以实体法或实体权利为依据，有观点

---

① 参见江伟主编：《民事诉讼法学原理》，中国人民大学出版社 1999 年版，第 593 页。

② 参见谭兵主编：《民事诉讼法学》，法律出版社 1997 年版，第 79 页。

③ 参见张晋红：《民事之诉研究》，法律出版社 1996 年版，第 16 页。

④ 参见罗筱琦：《民事判决研究：根据与对策》，人民法院出版社 2006 年版，第 22 页。

⑤ 参见李龙：《民事诉讼标的理论研究》，法律出版社 2003 年版，第 15 页。

⑥ 赵秀举：《诉讼请求的比较分析》，载江伟主编：《比较民事诉讼法国际研讨会论文集》，中国政法大学出版社 2004 年版，第 454、450 页。

认为诉讼请求必须以实体权利为依据或者直接认为诉讼请求就是一种实体权利主张，有观点在界定诉讼请求时则未强调其实体权利依据；第二，关于诉讼请求的指向，有观点认为诉讼请求是诉方当事人向对方当事人提出的请求，也有观点认为诉讼请求是当事人向法院提出的请求，还有观点认为诉讼请求是诉方当事人通过法院向对方当事人提出的请求；第三，一般都认为诉讼请求是一种权利（权益）请求（主张），但有个别观点认为，诉讼请求是"关于民事纠纷如何处理的诉讼主张"。上述三方面的分歧对于我们认识和界定诉讼请求具有重要影响，为更清晰界定诉讼请求的概念，有必要对这三个问题作详细辨析，即诉讼请求是否必须以实体权利为依据，是否必然是实体权利主张；诉讼请求的指向是法院还是对方当事人；诉讼请求是一种权利主张还是关于"民事纠纷如何处理的诉讼主张。

首先，关于诉讼请求是否必须以实体权利为依据，是否必然是实体权利主张。笔者以为，所有的诉讼请求在根本上都必须以实体权利为依据（必须有实体利益），① 但并不必然体现为实体权利主张。在给付之诉和变更（形成）之诉中，诉讼请求直接是关于实体权利的主张。② 但在确认之诉中，当事人的诉讼请求并非直接是关于实体权利的主张。虽然确认之诉的利益是一种实体利益，最终目的是保护实体权利，但确认之诉诉讼请求却不直接体现为实体权

---

① 但这层意义上的实体权利只是一种"观念权利"，客观上则未必确实存在。参见陈荣宗：《民事程序法与诉讼标的理论》，台湾大学法学丛书编辑委员会编辑1977年版，第332页。

② 在变更之诉中变更请求的提起必须以形成权为依据，但作为变更请求基础的形成权，到底是实体权利还是形成诉权，理论上也存在争议，我国台湾地区学者林诚二先生甚至认为："形成权理论的发展，究其实，乃是原欲求此权能与诉讼法有关联性存在，使得诉讼法上的形成之诉有实体法的依据。"详见陈桂明、李仕春：《形成之诉独立存在吗——对诉讼类型传统理论的质疑》，载《法学家》2007年第4期。此处姑且认为作为变更请求基础的形成权就是一种实体权利。

利主张，而体现为关于确认某种事实状态真伪或存否的主张，① 不直接涉及实体权利义务的履行问题。在绝大多数情况下，当事人提起确认请求的直接依据是诉讼法对确认请求权的规定。② 在个别情况下，实体法也会对"确认请求权"作出规定，例如，《中华人民共和国物权法》（以下简称《物权法》）第 33 条就规定："因物权的归属、内容发生争议的，利害关系人可以请求确认权利。"该条文直接规定了"确认物权请求权"。尽管"确认物权请求权"系由《物权法》加以规定，但其本质上"应是一种程序性请求权，是一种权利保护形式"，因为其"不得转让、免除、自愿履行，也无适用诉讼时效之问题"。③ 确认之诉的出现既是对"只有必须强制性地从对方手中取得一定物品，才能利用诉讼制度"的传统观念的

---

① 确认文书真伪或确认某种法律关系是否存在。

② 我国现行民诉法沿袭苏联民诉法的做法，未对确认之诉作出规定。德国民诉法第 256 条、日本民诉法第 134 条以及我国台湾地区"民诉法"第 247 条均对确认之诉作出了明确规定，直接赋予当事人关于法律关系是否成立以及文书真伪的"确认的请求权"。正因为此，可以认为确认之诉诉讼请求是对"确认请求权"这一诉讼权利的主张。

③ 参见王洪亮：《实体请求权与诉讼请求权之辩——从物权确认请求权谈起》，载《法律科学》2009 年第 2 期。也有观点认为，确认物权请求权是独立的实体法权利，例如，梁慧星先生的《物权法草案建议稿》中即将确认物权请求权规定为独立的实体法上请求权，其理由是："在实践中，对物权确认提出请求的现象是常见的，这种请求权并不是诉讼法上的权利，而是实体法上的权利"（参见梁慧星：《中国物权法草案建议稿》，社会科学文献出版社 2000 年版，第 207 页）。笔者以为，确认物权请求权显然不同于普通的债权请求权和物权请求权，普通的债权请求权和物权请求权可以在私人之间直接提起，但确认物权请求权却"只能向有关权力机关或法律授权的专门机构提出"（参见黄松有主编：《〈中华人民共和国物权法〉条文理解与适用》，人民法院出版社 2007 年版，第 135 页）。因此，确认物权请求权应当是一种诉讼权利或曰程序性权利，其实，关于确认物权请求权是实体权利还是诉讼权利早在《德国民法典》制定之初就有争论，这种争论更多的是立场问题，而不是逻辑问题。

突破,① 也为诉权相对独立于实体权利提供了实例。

其次,关于诉讼请求的指向是法院还是对方当事人。笔者以为,在给付之诉、形成之诉和部分确认之诉中,诉讼请求既指向法院,也指向对方当事人。因为给付之诉和形成之诉中的诉讼请求直接以实体权利为依据,当事人提出诉讼请求不仅仅是对诉权的行使,同时也是对实体权利的行使,而"私法上之权利,本以私人之相对人作为行使权利之对象,诉讼上关于私法上之权利主张,当亦属对他造之主张,如舍弃此项方向认私法上之权利主张系仅向法院之要求者,殊不符合私法上权利之本质"。② 在涉及特定主体与特定主体之间法律关系的确认之诉中,如关于收养关系的确认,确认请求即同时指向法院和对方当事人。但在涉及特定主体与非特定主体之间法律关系的确认之诉(如对所有权的确认)或者关于文书真伪的确认之诉中,当事人的诉讼请求就只能指向法院,因为这种情况下的确认请求并不指向特定的主体,虽然这种确认在客观上可以解决特定当事人之间的纠纷,但这种确认的效力是对世的,其效果不限于当事人之间。③

最后,关于诉讼请求是一种权利主张还是"关于民事纠纷如何处理的诉讼主张"。笔者以为,诉讼请求既是一种权利主张,同时这种权利主张也是诉方当事人提出的纠纷解决方案,其目的是获得于己有利的诉讼结果。

综上,笔者认为,张晋红教授的界定比较准确地描述了诉讼请求的内涵,即诉讼请求是一方当事人就其与对方当事人之间的民事纠纷如何处理而提交法院作为审判客体的诉讼主张。或者,更简洁地说,诉讼请求就是一方当事人在诉讼中提起的作为审判客体的权

---

① 陈桂明、李仕春:《形成之诉独立存在吗——对诉讼类型传统理论的质疑》,载《法学家》2007 年第 4 期。

② 王甲乙:《诉讼标的新理论概述》,载杨建华主编:《民事诉讼法论文选辑(下)》,台湾五南图书出版公司 1984 年版,第 395 页。

③ 笔者以为,在纯粹的文书真伪确认之诉及涉及特定主体与非特定主体之间的法律关系的确认之诉中,裁判文书应当只列原告,而没有被告,但由于确认的目的往往是为了给付,因此实践中纯粹的确认之诉几乎不存在。

利主张，这种权利主张既可能是实体权利主张，也可能仅仅是一种诉讼（程序）权利主张；既可能仅指向法院，也可能同时指向对方当事人和法院。并且，这种权利主张究其实质乃是诉方当事人对法院所要裁判事项的声明，是诉方当事人提出的纠纷解决方案，也是诉方当事人诉讼所要达到的目的。本书对诉讼请求的论述皆循此界定。

二、域外关于诉讼请求的各种表述

域外民事诉讼法上，关于诉讼请求的称谓不尽相同，下面以法、德、日、英、美等国以及我国台湾地区为例加以具体说明。

（一）法国

在法国民诉法中，与我国民诉法中诉讼请求相对应的概念为"prétention"，直译为"诉讼目标"，意译过来即为诉讼请求。《法国新民事诉讼法典》（以下简称"法国民诉法"）第4条规定，"系争标的依诸当事人各自的诉讼请求确定之"。这里的诉讼请求原词即为"prétention"，罗结珍意译其为"诉讼请求"，亦译为"诉讼主张"。法国民诉法第6条、第7条、第9条、第15条、第30条、第31条、第32条、第53条、第64条、第65条、第67条、第70条、第71条中规定的"诉讼目标"也均同此意。① 法国民事诉讼法中用"prétention"来表述诉讼请求是颇具意蕴的，"虽然当事人提出诉的直接目的是引起诉讼程序开始和求得法院行使审判权，但其中隐含另一个更深的目的，即法院行使审判权对纠纷的处理结果符合自己所欲求的实体效果"。②诉讼请求恰恰是诉方当事人提起诉讼和进行诉讼的目的所在。需要注意的是，在法国民事诉讼法中并没有"诉"这一概念，法国民事诉讼法中的

---

① 参见《法国新民事诉讼法典》，罗结珍译，中国法制出版社1999年版，第3页。

② 张晋红：《民事之诉研究》，法律出版社1996年版，第113、114页。

"demamde" 与 "诉" 是同一术语,① "demamde" 翻译为中文乃是 "请求"、"要求" 之意，但 "demamde" 并不等于我国民诉法中的诉讼请求。

（二）德国

在德国民诉法中，与我国民诉法中诉讼请求相对应的概念为 "Antrag"，周翠将其译为 "诉之申请"。《德意志联邦共和国民事诉讼法》（以下简称 "德国民诉法"）第 253 条第 2 款第 2 项规定，诉状必须包含诉之申请，诉之申请必须被确定地撰写。② 确定诉之申请的意义在于，"法院受该申请的拘束并且不允许对与原告的申请不同的内容作宣判。被告也必须从诉之申请中获悉原告针对他主张了哪些权利，以决定是否以及怎样防御"。③ 德国民事诉讼法中的 "Prozessnaler Anspruch"，直译为中文是 "诉讼上请求"，仅从字面含义看 "Prozessnaler Anspruch" 似乎等同于我国民诉法中的诉讼请求，但实际上两者并不相同，这从诉讼请求对应的德文原词也可见一斑。有观点认为 "Prozessnaler Anspruch" 就是我国民诉法中的诉讼请求，④ 这是极大的误解，其后果之一就是导致诉讼请求与诉讼标的相混同。对此，下文将进一步阐述。

（三）日本

在日本民诉法中，与我国民诉法中诉讼请求相对应的概念为 "请求の趣旨"。有学者直译其为 "请求趣旨"，⑤ 白绿铉教授在翻译兼子一、竹下守夫所著《民事诉讼法》一书时将其译为 "请求

---

① 参见《法国新民事诉讼法典》，罗结珍译，中国法制出版社 1999 年版，第 4 页。

② 参见 [德] 汉斯-约阿希姆·穆泽拉克：《德国民事诉讼法基础教程》，周翠译，中国政法大学出版社 2005 年版，第 36 页。

③ [德] 汉斯-约阿希姆·穆泽拉克：《德国民事诉讼法基础教程》，周翠译，中国政法大学出版社 2005 年版，第 37 页。

④ 参见相庆梅：《诉之变更制度研究》，西南政法大学 2002 届硕士学位论文。

⑤ [日] 中村英郎：《新民事诉讼法讲义》，陈刚、林剑锋、郭美松译，法律出版社 2001 年版，第 118 页。

旨意",① 但在翻译《日本新民事诉讼法》（以下简称"日本民诉法"）时又将其译为"请求的目的"。② 由于日本民诉法学理论中用"诉讼ノ目的"表示"诉讼标的"这一概念,③ 为避免误解,笔者以为,将"请求の趣旨"译为"请求趣旨"或"请求旨意"更佳。日本民诉法第 233 条第 2 款规定,诉状应记载请求旨意及原因。请求旨意应当简洁而确切地表示申请审判的原告所主张的结论,并且请求旨意通常是与法院作出判决同意原告请求的判决主文相应的表述。

（四）英国

在英国民诉法中,原告使用传票令状（Writ of Summons）起诉。传票令状必须提到原告的请求,称为"请求背书"（Endorsement of Claim）。原告的请求有两种写法:（1）请求陈述（Statement of Claim）。传票令状上的请求陈述就成为诉讼上的请求陈述,从而能节省时间。（2）简易陈述（Summary Statement）。即原告只说明请求的性质和所申请的救济。在这种情况下,原告应在送达传票令状的同时或之后,将详细的请求陈述送达被告。④ "请求陈述"包含两部分内容,"即（1）构成原告诉讼原因的一切事实,（2）原告申请的救济即普通法上的救济或衡平法上的救济"。⑤ 因此,请求陈述既包括诉因（cause of action）也包括救济请求（remedy）,并且构成原告诉因的一系列事实构成了请求陈述的主要部分,而救济请求（remedy）更接近于我国民诉法中诉讼

---

① ［日］兼子一、竹下守夫:《民事诉讼法》,白绿铉译,法律出版社 1995 年版,第 57 页。

② 《日本新民事诉讼法》,白绿铉译,中国法制出版社 2000 年版,第 68 页。

③ 参见［日］中村英郎:《新民事诉讼法讲义》,陈刚、林剑锋、郭美松译,法律出版社 2001 年版,第 111 页。

④ 参见沈达明:《比较民事诉讼法初论》,中国法制出版社 2002 年版,第 33 页。

⑤ 沈达明:《比较民事诉讼法初论》,中国法制出版社 2002 年版,第 41 页。

请求的含义。

（五）美国

在美国民诉法中，根据《联邦民事诉讼规则》要求，一个诉答文书至少要包含以下几方面的内容：（1）简明地陈述法院管辖权的依据；（2）简明地陈述请求（claim），以表明诉答人有权获得救济；（3）作出救济的判决的要求。所谓请求（claim），与英国民诉法中一样，又被称为诉因（cause of action），是指那些使得原告有权获得判决的事实的组合。所谓救济（remedy），大致相当于我国民诉法上的诉讼请求，是指请求（诉因）所能够支持的当事人对一定法律效果的主张。① 比较特殊的是，"尽管原告必须在起诉书上提出所要求得到的救济，但法院并不受其约束，可以给与法院认为适当的任何救济（《联邦民事诉讼规则》第 54 条（e））"。②

（六）我国台湾地区

在我国台湾地区"民诉法"中，与大陆民诉法中诉讼请求相对应的概念为"应受判决事项之声明"，台湾地区民事诉讼理论上则将其简称为"诉之声明"。应受判决事项之声明与诉讼请求所指内容本质上相同，但在表述角度上有细微差别，如前文所言，诉讼请求站在法院角度来看是关于纠纷如何裁判的主张，站在对方当事人角度来看就是一种权利主张，因此，一般情况下，既指向法院又指向对方当事人。"应受判决事项之声明"显然侧重于从法院裁判的角度对诉讼请求进行描述，"乃系原告或上诉人请求法院为如何之裁判，其裁判应有如何之内容，亦即请求判决之结论"。③ "故法院为原告或上诉人胜诉之判决者，依处分权主义之原则，除别有

---

① 赵秀举：《诉讼请求的比较分析》，载江伟主编：《比较民事诉讼法国际研讨会论文集》，中国政法大学出版社 2004 年版，第 454 页。

② 沈达明：《比较民事诉讼法初论》，中国法制出版社 2002 年版，第 80 页。

③ 杨建华：《问题研析　民事诉讼法（二）》，台湾三民书局 1997 年版，第 166 页。

规定外，即应在当事人声明范围内为之，否则，即为诉外裁判。"①

　　以上介绍了法、德、日、英、美等国以及我国台湾地区关于"诉讼请求"的表述，国内学者在翻译对应的外文表述时，有时直译，有时意译，并且多数情况下均未说明其与诉讼请求之间的关系。由于理论上较少深入关注诉讼请求问题，因此，学术界对于这些翻译用语也很少进行细致甄别，在使用时也是大而泛之运用。此处对这些表述作较为系统的辨析，本书在引用相关译文时循此辨析结论，如无特别之处，不另作说明或交待。

第二节　诉讼请求与诉

　　"若对诉之概念进行严格的定义恐怕是非常麻烦的，尤其在诉与请求或者诉讼标的的关系中存在着诸多难解之处。"② 研究诉讼请求离不开对诉的解读，对诉的深刻解读亦不能绕开"诉讼请求与诉之关系"问题。

一、诉的各种定义

　　对于诉的界定，代表性的观点有：

（一）诉是一种"请求"

　　有观点认为诉是一种请求，理论上把这一观点叫做"请求说"。但"请求说"也有分歧，有学者认为，诉即民事主体认为自己的权利受到侵犯或与他人发生纠纷时，向法院提出的要求法律保护的请求。③ 有学者认为，诉是当事人依照法律规定向人民法院提

---

　　① 杨建华：《问题研析　民事诉讼法（二）》，台湾三民书局 1997 年版，第 166 页。

　　② ［日］高桥宏志：《民事诉讼法制度与理论的深层分析》，林剑锋译，法律出版社 2003 年版，第 55 页。

　　③ 参见唐德华：《民事诉讼法常识几则》，载《上海司法》1982 年第 5 期。

出的保护其实体权益的请求。① 有学者认为，诉就是原告为维护自身民事权益，向人民法院提出的要求以裁判方式保护和实现其实体权益的请求。② 有学者认为，诉就是特定原告针对特定被告，向法院提出的审判特定的实体（法）主张的请求。③ 有学者认为诉是一方当事人将其与对方当事人之间的民事纠纷以及如何处理的诉讼主张，提交法院依法予以审判和处理的请求。④

（二）诉是一种"制度"

也有观点认为诉是一种制度。"制度说"认为，从微观角度看，诉是当事人的一种请求；但从宏观角度看，诉是由实体法和程序法共同规范的法律制度。诉的制度和审判制度一样，贯穿于诉讼全过程，从原告起诉，提出诉讼请求开始，到诉讼结束，全部诉讼活动都必须遵守程序法规定的程序和方式，全部争议的解决都必须以实体法的有关规定为依据。诉的制度指导着诉讼活动的全过程，诉讼的过程也就是贯彻实施诉的制度的过程。当事人的全部诉讼行为均以诉的制度为基础，诉的制度为双方当事人的诉讼行为提供保证。如果将诉只看成是原告的请求、申请、声明，或者只看成是原告维护其权益的手段、诉讼行为、程序方式，那就只看到了诉的表面形式，而未能揭示诉的本质。如果将诉只看成是原告起诉的根据，那就不可能揭示诉是全面保护当事人的法律制度。⑤ 类似观点认为，诉是指当事人向法院提起特定之权利主张，而法院为判决程序之事也，起诉是指原告向法院为特定之权利主张而启动判决程序

---

① 参见柴发邦主编：《民事诉讼法学新编》，法律出版社 1992 年版，第 54 页。
② 参见凌相权：《民事诉讼法问答》，广西人民出版社 1983 年版，第 84~86 页。
③ 参见邵明：《论民事之诉》，载《北京科技大学学报》2003 年第 2 期。
④ 参见张晋红：《民事之诉研究》，法律出版社 1996 年版，第 8 页。
⑤ 参见柴发邦主编：《民事诉讼法学新编》，法律出版社 1992 年版，第 55~56 页。

之行为。诉为整体，而起诉为起点。①

（三）诉是一种"行为"

还有观点认为，诉是一种诉讼行为，但在把诉定义为何种诉讼行为上，又有不同表述。② 日本有学者把诉定义为，"诉是某人（原告）向特定法院申请审理和判决他对其他特定人（被告）之间关系的特定主张（诉讼上的请求）在法律上是否妥当的诉讼行为"。③而在苏联民事诉讼理论中有观点认为：利害关系人依照法定程序向法院请求保护其实体权利的行为，称之为诉。④ 这两种观点虽然都把诉归结为一种诉讼行为，但在其内涵揭示上则存在差异。前者所揭示的内涵表明：诉是一方当事人提请法院进行审理和判决的行为，其所要求法院审理和判决的对象就是诉方当事人提出的诉讼上的请求在法律上是否妥当。后者揭示的内涵是：诉这种行为所要求的是法院要保护诉方当事人的实体权利。上述两种"诉讼行为"说本质上体现了不同的诉讼目的论，前者表明诉的行为所指向的结果是以审判方式解决纠纷，而非一定要实现某种权利主张；后者认为诉的行为所指向的结果是实体权利保护，当法院判决诉方当事人败诉时，对该方当事人而言，诉的行为所指向的结果并没有完全实现。⑤

（四）诉是一种"申请"

亦有观点认为，诉是一种申请，即"诉是当事人向代表国家的法院提起的要求审理和判决的申请，而请求则构成诉的内容

---

① 王甲乙等：《民事诉讼法新论》，台湾广益印书局 1999 年版，第 241页。

② 张晋红：《民事之诉研究》，法律出版社 1996 年版，第 1 页。

③ ［日］兼子一、竹下守夫：《民事诉讼法》，白绿铉译，法律出版社1995 年版，第 45 页。

④ ［苏］阿·阿·多勃里沃里斯基等：《苏维埃民事诉讼》，法律出版社 1983 年版，第 164 页。

⑤ 张晋红：《民事之诉研究》，法律出版社 1996 年版，第 2 页。

（Anspruch）"。①"申请"说认为，法院审理的对象包括"诉"和"请求"。法院首先对诉（要求判决的申请）是否具备诉讼要件以及是否适法进行审理，这种审理就是所谓的诉讼审理。当诉被认为适法时，法院就不对此作出特别的裁判，而是进入下一步即对请求的审理，反之当法院认为诉不具备诉讼要件时，就会作出"驳回诉讼"的判决而终结诉讼。对请求的审理就是所谓的"本案审理"，当认为原告的请求有理由时，法院就作出支持请求的判决，而认为请求无理由时，则宣告"驳回请求"的本案判决。从"申请"说对诉的定义来看，谓之诉的只是原告对法院提出的审判申请，至于原告对其与被告之间纠纷的具体诉讼主张，则是原告申请法院审判的对象，而不是诉本身。

除了以上几种主要的学说外，还有观点认为诉是一种手段。一种"手段说"认为，诉是从司法上保护当事人的权利、维护国家法律秩序的手段；另一种"手段说"则认为诉是当事人请求法院保护自己民事权益的诉讼手段。② 也有观点认为，诉就是指当事人的权利被侵害或有被侵害的危险时，请求法院作出于己有利的判决的声明。③ 更有观点将诉等同于诉讼请求，认为"诉是当事人为维护自己的实体权益而向人民法院提出的诉讼请求"。④

二、诉的本质探究

（一）"请求说"的两个分支

分析以上关于诉的各种定义，尽管侧重点有区别，但"在揭示诉的内涵上，各种观点有一点是共同的，即都认为诉是请求法院

---

① ［日］中村英郎：《新民事诉讼法讲义》，陈刚、林剑锋、郭美松译，法律出版社 2001 年版，第 112 页。

② 参见江伟主编：《民事诉讼法学原理》，中国人民大学出版社 1999 年版，第 249 页。

③ 参见刘家兴：《民事诉讼法学教程》，北京大学出版社 2000 年版，第 118~120 页。

④ 柴发邦主编：《中国民事诉讼法学》，中国人民公安大学出版社 1992 年版，第 284 页。

进行审判"。① 即各种概念都涵盖了"请求法院进行审判、裁判、判决或处理"这层意思，这也是我国民事诉讼法学界主流观点都赞同把诉理解为一种请求的原因。②"请求说"在我国主要有两个分支，即诉的二元论和一元论。

诉的二元论也被称为诉的双重法律意义理论，该理论认为，诉是由两方面的请求构成的，其一是当事人依照诉讼法的规定向法院提出审判请求，即程序意义上的诉；其二是当事人请求法院依照实体法的规定保护自己实体上的合法权益，即实体意义上的诉。③ 诉的二元论理论根源于古罗马法。"在公元前455年制定的《十二铜表法》中，已经存在着若干种诉的规定。按照著名的《优士丁尼法学阶梯》的解释，所谓诉，是指'向法院主张自己应得之物的权利'（*actio auten nihil aliud est, quam ius persequendi judicio quod sibi debetur*），它是现代意义上的实体法上请求和诉讼法上诉权的统一体。罗马法的诉相应于具体的案件，按照法律的规定得以成立。因此，只要原发事件相当于法律规定的诉，就可以接受救济（有诉就有救济，*ubi ius, ibi remedium*），而没有诉则不能接受救济。"④ 罗马法上"诉"的概念对诉的二元论的形成有重大影响，但很显然，罗马法上所讲的"诉"与今天通常所称的诉系完全不同的概念。

与二元论不同，诉的一元论则认为，在诉的关系中，始终只有一对相向主体，即原告与法院。当事人一方是诉的提出者，法院是诉的接受者，不存在当事人之间提出和接受诉的问题，因而诉的请求在内容上只能是一个，即请求法院保护实体权益。一元论还认为，存在于诉之中的审判请求和保护实体权益请求是不可分离的，无论在当事人的意识中还是在实际效果上，都不存在孤立的程序上

---

① 张晋红：《民事之诉研究》，法律出版社1996年版，第6页。
② 参见常怡主编：《比较民事诉讼法》，中国政法大学出版社2002年版，第152页。
③ 参见张晋红：《民事之诉研究》，法律出版社1996年版，第3页。
④ ［日］中村宗雄、中村英郎：《诉讼法学方法论》，陈刚、段文波译，中国法制出版社2009年版，第277页。

或者实体上的请求，而且从审判实践来看，既无必要，也不可能将诉作程序之诉与实体之诉的划分，所以诉的内涵不可以被分割为两种法律性质的请求。①

（二） 对二元论和一元论之反思

当事人提起诉的主旨是请求法院为于己有利之裁判，并且在提起诉的同时，当事人有义务就请求法院裁判的对象进行描述。例如，德国民诉法第 253 条规定："起诉以诉状之送达为之。诉状应记明下列各点，当事人与法院；提出的请求的标的与原因，以及一定的申请。"日本民诉法第 133 条规定："提起诉讼，应当向法院提出诉状。诉状应记载下列事项，当事人及法定代理人；请求的目的及原因。"法国民诉法第 53 条规定："本诉系指，起诉人用以向法官提出其诉讼主张，主动提起诉讼的请求。本诉提起诉讼。"我国台湾地区"民诉法"第 244 条规定："起诉，应以诉状表明下列各款事项，提出于法院为之：当事人及法定代理人；诉讼标的及其原因事实；应受判决事项之声明。"我国民诉法第 121 条规定，起诉状必须载明当事人的基本情况及诉讼请求。当事人的基本情况和具体的诉讼请求构成了对裁判对象最起码的描述，裁判对象由此可界定为"诉方当事人向对方当事人或法院提出的诉讼请求"。

在当事人提起诉的过程中存在两方面的请求，一是诉方当事人向法院提出的裁判请求；二是诉方当事人提出的作为裁判对象的权利主张，这种权利主张既可能同时指向法院和对方当事人，也可能只指向法院。诉作为一种请求有以下特点，第一，从指向上看，诉是当事人对法院的请求，体现当事人与法院之间的公法关系。诚如陈荣宗教授所言，"诉乃当事人与法院间之公法关系之观察，是为程序动态之观察"。② 诉作为一种请求特指当事人向法院提出的请求，而不是当事人彼此之间的请求，也不是当事人向立法机关、行

---

① 参见柴发邦主编：《中国民事诉讼法学》，中国人民公安大学出版社 1992 年版，第 284 页。

② 陈荣宗：《民事程序法与诉讼标的理论》，台湾大学法学丛书编辑委员会编辑 1977 年版，第 379 页。

政机关、检察机关、仲裁机构和政党组织等提起的请求，这也是诉作为当事人请求公力救济的典型方式区别于社会救济和私力救济的重要特点。第二，作为请求的诉以诉状为其外在形式。一般情况下提起诉必须向法院提交诉状，但作为例外，在简易程序中或当事人书写诉状确有困难的情况下，当事人也可以以口头方式提起诉。第三，诉请求法院裁判的对象是当事人的权利主张（诉讼请求），或者说是"当事人就其与对方当事人之间的纠纷如何处理所提出的具体诉讼主张"。

诉的二元论和一元论将诉界定为一种请求，这一点是准确的，但在解释诉作为"请求"的结构上，二元论与一元论存在较大分歧。二元论认为，诉具有双重内涵，即程序意义上的诉与实体意义上的诉，程序意义上的诉是指当事人依照民事诉讼法的规定，向法院提出的裁判请求；实体意义上的诉是指当事人请求法院依照实体法的规定保护自己实体上的合法权益。笔者以为，表面看来，二元论全面分析了诉之内涵，但实际上并未能够准确概括诉之本质或核心内容。严格意义上讲，诉即为当事人向法院提出的裁判请求，至于诉方当事人关于纠纷如何处理所提出的具体诉讼请求则是诉方当事人请求法院裁判的对象，不是诉本身。二元论认为，"实体意义上的诉是当事人请求法院依照实体法的规定保护自己实体上的合法权益"，这一观点混淆了诉与诉的对象之间的关系。一元论认为，"在诉的关系中，始终只有一对相向主体，即原告与法院。当事人一方是诉的提出者，法院是诉的接受者，不存在当事人之间提出和接受诉的问题"，这一论断是精当公允的，很显然，一元论已经认识到诉的关系是一种公法关系，是当事人与法院之间而非当事人双方之间的关系。但一元论认为，"诉即当事人请求法院保护实体权益"，这一认识又未能摆脱"二元论"的影响，仍是在实体意义上界定诉，并未对诉作为一种"请求"的结构作出清晰解释。

综上所述，本书赞同前述中村英郎著作中关于诉之界定，即诉是当事人向法院提出的裁判请求或申请，并且在这里对"请求"与"申请"或"声请"不作实质区分。将诉界定为"当事人向法院提出的裁判请求"，具有以下优势：首先，诉作为一种请求的结构将很明晰，不再含混不清；其次，这一界定并非完全无视诉所涉及的实体法内容以及当事人提起诉的目的是解决实体纠纷、保护实体权益，恰恰相反，依照这一观点，"当事人关于如何解决实体纠纷的诉讼请求"是当事人请求法院裁判的对象，诉也不会因此而失却其实体意义，沦为"为诉讼而诉讼"；最后，诉的程序法意义将更加凸现，这为我国民事诉讼立法理性规范"起诉条件"提供了理论基础。

三、诉讼请求与诉之关系界定

诉与诉讼请求关系密切，并且由于诉的本质是一种请求，因此，作为请求的诉与诉讼请求有时具有某种令人迷惑的类似性，但事实上，诉与诉讼请求区别甚大。

（一）诉讼请求与诉的区别

诉讼请求与诉的区别表现在以下方面：

第一，从含义上看，诉是当事人向法院提出的裁判请求；诉讼请求是诉方当事人在诉讼中提出的作为审判客体的权利主张，即诉讼请求只是诉的对象。

第二，从指向上看，诉是当事人向法院提出的，诉所反映的关系是一种公法关系；诉讼请求则可能同时指向法院和对方当事人，也可能仅指向法院。

第三，从形式上看，当事人在一个诉中可以提出多项具体的诉讼请求，可以变更诉讼请求、合并诉讼请求，诉讼请求与诉并非一一对应关系。

第四，从内容上看，诉讼请求是否构成诉的要素之一在理论上有较大争议，如果认为诉讼请求是诉的要素之一，诉讼请求也并非能使诉特定化的唯一因素。

（二）诉讼请求是否为诉的要素之一

关于诉的要素，理论上一直存在争议。国内学术界有"二要素说"、"三要素说"和"四要素说"，其中"二要素说"和"三要素说"关于诉的具体构成要素方面又各有分歧。在"二要素说"

23

中，多数观点认为，诉的要素有两个，即诉讼标的和诉讼理由；①
也有观点认为，"诉的要素为当事人和诉讼标的"。② 在"三要素
说"中，多数观点认为，诉的要素有三个，即当事人、诉讼标的
和诉讼理由；也有观点认为，"诉由当事人、诉讼标的和案件事实
构成"。③ "四要素说"则认为，诉的要素包括当事人、诉讼标的、
诉讼请求和诉的理由。④ 诉的要素是我国民事诉讼法学领域的传统
问题，但理论上关于这一问题的探讨多见于各类教科书，很少有学
者对此进行专门研究。⑤ 由此也导致"我国民事诉讼理论在对诉的
要素研究的重心上，基本上是就诉的构成谈构成，其研究多是与立
法、与诉讼实践相脱离的"。⑥ "研究诉的要素，必须明确研究这
一问题到底要解决什么？到底能解决什么？其对立法和实践到底有
何意义？"⑦

在德国、日本以及法国等大陆法系国家，民事诉讼法学理论上
并不存在"诉的要素"这一问题。⑧ 我国台湾地区学者在研究诉
之追加、变更问题时通常会概称，"诉系由当事人、诉讼标的、应
受判决事项之声明三个要素构成"。⑨ 但关于"诉的要素"的理论

---

① 参见谭兵主编：《民事诉讼法学》，法律出版社 1997 年版，第 80 页。

② 李仕春：《诉之合并制度研究》，载陈光中、江伟主编：《诉讼法论
丛（第 5 卷）》，法律出版社 2000 年版。

③ 邵明：《论民事之诉》，载《北京科技大学学报（社会科学版）》
2003 年第 2 期。

④ 参见张晋红：《民事之诉研究》，法律出版社 1996 年版，第 72 页。

⑤ 仅见张晋红教授在其专著《民事之诉研究》中设专章"诉的要素"
予以研究。

⑥ 张晋红：《民事之诉研究》，法律出版社 1996 年版，第 64 页。

⑦ 张晋红：《民事之诉研究》，法律出版社 1996 年版，第 64 页。

⑧ 笔者遍查国内已有的德国、日本、法国民事诉讼法学的主要译著以
及比较民事诉讼法著作，这些著作中均没有关于"诉的要素"问题的论述。

⑨ 参见陈计男：《民事诉讼法论（上）》，台湾三民书局 2002 年版，
第 222 页；吴明轩：《民事诉讼法》，台湾五南图书出版公司 1983 年版，第
170 页；王甲乙、杨建华、郑健才：《民事诉讼法新论》，台湾三民书局 1998
年版，第 302 页，等等。

研究和争议亦属罕见。我国民事诉讼法学理论探讨"诉的要素"问题主要是沿袭苏联民事诉讼法学的体例，苏联理论之通说主张诉由诉讼标的和诉讼理由构成。① 关于何谓诉的要素，理论上也莫衷一是。通说观点认为，所谓诉的要素，是指构成诉所必不可少的因素。但也有观点认为，"诉的要素是指，当事人向法院提出的诉之中所必须具备的内容"。② 还有观点认为，"诉的要素是指，构成一个诉所必不可少的能使诉特定化的因素"。③ 关于"诉的要素"的概念、研究意义及具体内容等争议，笔者以为：

第一，根据《现代汉语词典》解释，要素是构成事物的必要因素，是事物必须具有的实质的组成部分。④ 据此，诉的要素可以界定为"构成诉的必要因素，是诉必须具备的实质内容"。诉的要素与诉讼要件是两个不同的概念，诉的要素强调的是"诉"之所以成为诉所必须具备的内容；而诉讼要件则是法院作出本案判决必须具备的条件，是受理民事案件的前提条件，同时也是支持或否认原告诉讼请求的前提条件。⑤ 诉讼要件是具体个案中法院作出最终判决所要具备的具体条件，包括受案法院必须具有管辖权、原被告具有当事人能力、原被告是适格的当事人、具有诉的利益、不涉及二重起诉的禁止等内容。诉的要素则是一个抽象概念，是对诉的内容的抽象，其要表达的不是具体诉讼中法院作出裁判的条件，而是每一个"诉"都必然具备的构成要素。

---

① 参见［苏］阿·阿·多勃里沃里斯基等：《苏维埃民事诉讼》，法律出版社 1983 年版，第 186 页。

② 张晋红：《民事之诉研究》，法律出版社 1996 年版，第 64 页。

③ 赵钢、占善刚、刘学在：《民事诉讼法》，武汉大学出版社 2008 年版，第 20 页。

④ 参见中国社会科学院语言研究所词典编辑室编：《现代汉语词典》，商务印书馆 1983 年版，第 1344 页。

⑤ 参见王锡三：《诉的要件与诉的要素是两个不同的概念》，载《现代法学》1986 年第 4 期。有学者认为，诉的要素这一提法本身有模糊性，"诉的要素似乎在讲诉的形式要件，又好像是谈诉的内容，抑或又是两者兼而有之"。参见张晋红：《民事之诉研究》，法律出版社 1996 年版，第 64 页。

第二，研究诉的要素主要有两方面的意义，一是解决诉的识别问题，即此诉与彼诉的区别问题，由于诉的要素是那些构成诉的必要内容，因此，诉的要素不同必将造成此诉与彼诉的不同。①二是确定诉状的必要记载事项问题，即提起每一个"诉"必须在诉状中写明的内容。

第三，诉的要素由当事人和诉讼标的构成，当事人是诉的主体，诉讼标的是诉的客体；由于诉讼标的具体由诉讼理由和诉讼请求确定，因此，也可以说，诉的要素由当事人、诉讼理由和诉讼请求构成。区分此诉与彼诉的不同关键看两个标准：一是当事人，二是诉讼标的，两者有其一不同则此诉与彼诉不同。当事人提起每一个"诉"时在诉状中必须写明当事人和诉讼标的，具体说，即当事人、诉讼理由和诉讼请求。②

综上，诉讼请求与诉是两个不同的概念，但两者又有着紧密联系：诉讼请求是诉的要素之一，是诉状的必要记载事项，是当事人请求法院裁判的对象。

第三节　诉讼请求与诉讼标的

"在我国民事诉讼法学界，有这样一对相互联系但又有区别的

---

① 这也是我国台湾地区学者在研究诉的追加、变更问题时往往会提到"诉的构成要素"的原因。

② 我国现行民诉法第 121 条规定："起诉状应当记明下列事项：（一）原告的姓名、性别、年龄、民族、职业、工作单位、住所、联系方式，法人或者其他组织的名称、住所和法定代表人或者主要负责人的姓名、职务、联系方式；（二）被告的姓名、性别、工作单位、住所等信息，法人或其他组织的名称、住所等信息；（三）诉讼请求和所根据的事实与理由；（四）证据和证据来源，证人姓名和住所。"其中前三项是必要记载事项，第四项则属任意记载事项，另外，考虑到当事人诉讼能力、知法程度以及案件的复杂程度等因素，诉讼理由中的法律理由在诉状中非为必写内容。关于必要记载事项和任意记载事项的划分，参见陈计男：《民事诉讼法论（上）》，台湾三民书局2002 年版，第 241~244 页。

概念是经常混淆使用的，即诉讼标的与诉讼请求。"① 之所以会经常混淆使用，主要是因为理论上对两者之间的关系认识不甚清晰。如何界定诉讼请求与诉讼标的之间关系不仅事关本书的写作意义，同时也会对很多具体问题的分析产生重要影响，因此有必要予以详细探讨。

一、诉讼标的学说简述

民事诉讼标的理论流派林立、观点繁芜，从诉讼标的的核心问题——诉讼标的的构成角度出发，概括起来有以下几种较为典型的学说，即旧实体法说、诉讼法学说、新实体法说以及诉讼标的的相对性学说。②

（一）旧实体法说

"旧实体法说始于 Hellig 而终于 Lent。依此说之见解，诉讼标的乃原告在诉讼上所为一定具体的实体法上之权利主张。原告起诉时，必须在诉状上具体表明其所主张之实体法上之权利或法律关系。换言之，此说区别诉讼标的之异同之标准，系以实体法所规定之权利多寡为标准。因此，凡同一事实关系，在实体法上按其权利构成要件，能产生多数不同之请求权时，每一请求权均能独立形成一诉讼标的。"③ 旧实体法说在概念方面虽然已意识到诉讼标的应与实体法上权利有所区别，但其识别诉讼标的之方法并未脱离实体法规定之标准。旧实体法说在诉讼上处理请求权竞合问题时具有无法克服的困难，无法说明被告在实体法上如对原告为一次完全给付即能满足原告请求之场合，何以原告在诉讼上有多数之诉讼标的，从而可以多次提起诉讼。

（二）诉讼法学说

诉讼法学说又分二分支说和一分支说。二分支说由 Rosenberg

①　李龙：《民事诉讼标的理论研究》，法律出版社 2003 年版，第 10 页。
②　参见李龙：《民事诉讼标的理论研究》，法律出版社 2003 年版，第 30~31 页。
③　陈荣宗：《民事程序法与诉讼标的理论》，台湾大学法学丛书编辑委员会编辑 1977 年版，第 336 页。

及 Nikisch 所首创，"Rosenberg 在一九二七年所著民事诉讼法教科书第一版认为，诉讼标的之内容能由原告陈述之事实理由及诉之声明加以确认。依此说之见解，事实理由与诉之声明两者均为构成诉讼标的之重要要素。凡事实理由与诉之声明任何一要素有多数之情形，即发生多数之诉讼标的，从而有诉之合并，此两种要素之一发生变更或两种要素均发生变更之情形，即为诉之变更。"① 特别值得注意的是，Rosenberg 与 Nikisch 所谓之事实理由（Sachverhalt），乃指不以实体法加以评价之自然之事实关系而言。② 依二分支说的见解，诉讼标的之概念纯粹为诉讼法上之概念，所以识别诉讼标的之标准不再以实体法之规定为准，"原告在诉讼上，将侵权行为之损害赔偿请求权，改以所有人之返还请求权而主张之场合，亦不视为诉之变更或追加，仅仅视为原告攻击防御方法之改变，不影响诉讼标的之单一性"。③ 二分支说虽能合理解决旧实体法说无法解释之请求权竞合现象，但对于同一给付目的之数请求权，如其数请求权之发生系基于不相同之事实理由（Sachverhalt）之场合，却无法解释，何以被告对于同一目的之给付，应受不同之多数判决。例如，原告本于买卖之原因关系及本于票款关系同时起诉向被告诉求其买卖价金时，依二分支说，在理论上势必构成两个不同诉讼标的合并的情形，既有诉之合并，法院自应分别就不同的诉讼标的为判决，这与旧实体法说在处理请求权竞合情形所遭遇的问题完全相同。

　　一分支说又称为一节的诉讼标的理论，该学说认为，诉讼标的的识别，不必借助事实关系，而单独依据诉之声明来决定。一分支说由 Botticher 首创，Botticher 倡导之诉讼标的理论最初限于婚姻诉讼之诉讼标的，其后 Botticher 将该理论扩张适用于婚姻诉讼以外的

---

① 陈荣宗：《民事程序法与诉讼标的理论》，台湾大学法学丛书编辑委员会编辑 1977 年版，第 337 页。
② 陈荣宗：《民事程序法与诉讼标的理论》，台湾大学法学丛书编辑委员会编辑 1977 年版，第 337 页。
③ 陈荣宗：《民事程序法与诉讼标的理论》，台湾大学法学丛书编辑委员会编辑 1977 年版，第 338 页。

其他形成诉讼。"一九五四年 Schwab 之论著《民事诉讼标的理论》出现，将 Botticher 倡导之学说推广应用于所有之各种诉讼类型。"① "一分支说之特色为，将诉讼标的之重要分量置于诉之声明一项以及原告起诉所追求之目的。在同一给付为目的之请求，即使其请求之事实理由有相异而多数之情形，原告在诉之声明中向法院提出欲法院加以判断之要求（Begehren），始为诉讼标的。"② "根据一分支说的理论，不仅在基于几个实体法上请求权而期望追求相同的目标的情况下，而且在基于二分支说意义下的几个事实关系而追求相同目标的情况下，诉讼标的的单复数问题，都可以获得比较圆满的解决。"③ 一分支说的最大缺陷在于，在请求给付金钱或代替物的诉讼中，如果不一并考虑请求依据的基础原因事实，几乎无法判断诉讼标的是否同一，一分支说理论并没有彻底解决识别诉讼标的的单复数的问题。

（三）新实体法说

新实体法说代表人物是 Nikisch 和 Henckel。新实体法说"虽系以实体法上之请求权为标准区别诉讼标的之单复异同，但其所主张之请求权，无论在概念上及说明之方法，已与旧实体法说之内容大不相同"。④ Nikisch 认为，在根据一个事实关系而产生具有相同目的的几个实体法上的请求权的情形下（如电车事故），应该认为只有一个实体法上的请求权存在，此种法律现象不再称为请求权竞合，而改称为请求权基础竞合。至于请求权竞合之情形，"应系专指，本于数不相同之事实关系而发生之数请求权，其给付目的相同

---

① 陈荣宗：《民事程序法与诉讼标的理论》，台湾大学法学丛书编辑委员会编辑 1977 年版，第 341 页。

② 陈荣宗：《民事程序法与诉讼标的理论》，台湾大学法学丛书编辑委员会编辑 1977 年版，第 341 页。

③ 李龙：《民事诉讼标的理论研究》，法律出版社 2003 年版，第 57 页。

④ 陈荣宗：《民事程序法与诉讼标的理论》，台湾大学法学丛书编辑委员会编辑 1977 年版，第 344 页。

之场合而言"。① 如买卖契约中当事人为给付买卖价金而签发票据交付出卖人收受的，本于买卖契约而发生之价金请求权与本于票据关系所生之票款请求权系各自独立之请求权，但两个请求权之给付目的相同，此种情形系"真正之请求权竞合"。Henckel 则认为，判断实体上请求权单复数之其中一个标准，系以权利人在交易上可否将其请求权为多次处分为标准。新实体法说一方面以实体请求权作为判断诉讼标的的标准；另一方面又将实体法上的请求权解释为真正应受保护的实体法上的地位，而非实体法所规定的各个请求权，以克服旧实体法说的困难。新实体法说的缺陷在于，对于"请求权竞合"与"请求权基础竞合"的区别缺乏明确标准，同时在将几个请求权认定为一个请求权的时候，难以统一消灭时效期间，比如在同时发生侵权和合同责任的情况下，民法规定的消灭时效期间是不同的。②

（四）诉讼标的相对性学说

上述各种学说共同努力的方向系在发掘能一体适用于所有诉讼类型的诉讼标的的概念，但是无论何种学说均无法圆满达成这一结果，因此有部分学者采取个别解决之方法，以期否认统一诉讼标的的概念的必要性，即出现了诉讼标的的相对性学说或诉讼标的的否认说。诉讼标的的相对性学说的代表人物有 Blomeyer 和 Jauernig。Blomeyer 首先在概念上区别"诉讼上之诉讼标的"（Prozessualer Streitsgegenstand）与"本案上之诉讼标的"，然后又在既判力方面区别"判决客体"之概念与诉讼标的之概念。Blomeyer 认为诉讼标的之概念能在诉讼方面及判决方面依其不同之功能而变化，诉讼标的系针对当事人所争执的对象是什么而言，判决标的则针对哪些事情曾经被法院判决而言，二者并不一定要完全统一。③ Jauernig

---

① 陈荣宗：《民事程序法与诉讼标的理论》，台湾大学法学丛书编辑委员会编辑 1977 年版，第 345 页。

② 参见李龙：《民事诉讼标的理论研究》，法律出版社 2003 年版，第 71 页。

③ 参见陈荣宗：《民事程序法与诉讼标的理论》，台湾大学法学丛书编辑委员会编辑 1977 年版，第 353 页。

则认为，诉讼标的这一概念无法离开各种不同之诉讼主义而独存。"依 Jauernig 之见解，民事诉讼程序之给付诉讼与确认诉讼受辩论主义之支配，所以于其诉之声明须借助事实关系始能决定诉讼标的之情形，诉讼标的之范围固然应视当事人所提出之事实资料如何而定，即使于其诉之声明能自己决定诉讼标的之情形，当事人提出之事实关系亦有限制法院审理活动之意义，所以于给付之诉与确认之诉，其诉讼标的通常须以诉之声明及事实关系为标准决定之。至于形成之诉其诉讼标的仅以诉之声明为标准决定之。"①

二、诉讼请求与诉讼标的关系之争

以上简要介绍了各种诉讼标的的学说。无论是依照"旧实体法说"、"新实体法说"还是"诉讼标的的相对性学说"，诉讼请求与诉讼标的均显系不同概念。即便根据"诉讼法学说"，无论是"一分支说"还是"二分支说"，也仅仅是将诉讼请求（诉之声明）作为诉讼标的之识别依据来对待，据此也不能认为诉讼标的等同于诉讼请求。但国内学术界却有很多学者认为诉讼标的等同于诉讼请求，那么，理论上为什么会产生这种与直觉判断截然相反的认识呢？笔者拟对有关诉讼请求与诉讼标的的彼此关系的不同观点进行梳理，分析产生这种分歧的原因，并在此基础上就诉讼请求与诉讼标的之间的关系作出界定。

（一）诉讼请求与诉讼标的的等同说

"等同说"的代表性观点有：（1）"诉讼标的在许多学者的认识中与诉讼请求或诉讼上的请求是等值的"，"无论是德国，还是日本、奥地利、意大利等大陆法系国家的民事诉讼中都没有使用诉讼标的的概念，而多数情况下是使用诉讼请求的说法"。②（2）"我们主张诉讼标的与诉讼请求在涵义上的一致，一是考虑到'旧诉

---

①　参见陈荣宗：《民事程序法与诉讼标的的理论》，台湾大学法学丛书编辑委员会编辑 1977 年版，第 355 页。
②　张卫平：《论诉讼标的及识别标准》，载《法学研究》1997 年第 4 期。

讼标的说'所具有的局限性；二是诉讼标的与诉讼请求的区别在理论和适用上没有什么意义；三是基于我国民事诉讼制度理论与大陆法系和英美法系民事诉讼制度理论的合理衔接，便于对话或交流，因为诉讼标的在大陆法系和英美法系中与诉讼请求基本上是等值的。"① （3）"从作为大陆法系发源地的德国以及深受其影响的其他大陆法国家的民事诉讼法来看，诉讼请求系诉讼标的的同义语；从我国现行民事诉讼法来看，对诉讼请求采取了基本上一致的态度，也认为诉讼请求即为诉讼标的。而作为例外的就是在民诉法第 119 条②要表达诉之声明时，采用了'具体的诉讼请求'这样一个模糊的说法，以及在设计起诉书格式时完全将诉讼请求等同于诉之声明。立法及司法文书格式设计中不够尽善尽美的状况，在很大程度上是由于我们对诉讼标的理论研究的滞后造成的。对于我国民事诉讼法中的诉讼标的的概念及相关理论，已有学者对其粗糙性和不合理性进行了批判。然而更重要的是，无论我们继受或批判性地创造了一个怎样的诉讼标的的概念，作为同处大陆法背景下的中国民事诉讼法学理论，将已在大陆法各国明确与诉讼标的为同值概念的诉讼请求理解为与另一民事诉讼法用语诉之声明为相同含义，从学术交流与学术研究的角度看，皆非明智。"③

（二）诉讼请求与诉讼标的的区别说

"区别说"的代表性观点有：（1）我国传统观点认为，诉讼请求与诉讼标的是不同的概念，"诉讼请求是当事人在诉讼中提出的具体请求，而诉讼标的则是当事人争议的民事实体法律关系"。④（2）诉讼标的是当事人诉请法院解决的特定纠纷，诉讼请求是诉方当事人对解决纠纷的主张。作为诉讼标的的民事纠纷的类别决定着诉讼请求不同的具体内容，而诉讼请求的具体内容又反映着当事

---

① 邵明：《论民事之诉》，载《北京科技大学学报（社会科学版）》2003 年第 2 期。
② 1991 年通过的民诉法、2007 年修正的民诉法第 108 条。
③ 相庆梅：《诉之变更制度研究》，西南政法大学 2002 届硕士学位论文。
④ 江伟主编：《民事诉讼法》，高等教育出版社 2004 年版，第 12 页。

人之间权益争议的内容和焦点。① （3）诉讼请求是指原告在诉讼
过程中根据诉讼标的向法院提出的具体的权益请求。诉讼标的是指
原告请求法院裁判的、当事人之间争议的、有关实体权利或者法律
关系的主张或请求。诉讼请求相对于诉讼标的而言具有以下特点：
诉讼请求应当具体，诉讼标的不可能具体，诉讼标的是诉讼请求的
前提或内在原因，诉讼请求是诉讼标的之外在形式或具体体现；当
事人提出诉讼请求既可以是实体上的权益请求，也可以是程序方面
的权益请求，诉讼标的是当事人向法院提出的实体法上的权利主张
或者声明；诉讼请求必须由当事人在其向法院提交的诉状中写明，
当事人在诉讼过程中没有明确提出的诉讼请求，法院不予裁判确
认；诉讼请求可以由当事人在诉讼过程中进行任意处分、变更，而
诉讼标的已经提出不能随意变更、放弃和追加。②

三、诉讼请求与"诉讼上请求"

理论上认为诉讼请求等同于诉讼标的最主要的理由是，在德国
民事诉讼理论上，诉讼标的（Streitgegenstand）即为"诉讼上请
求"（Prozessualer Anspruch），因此，诉讼请求同于诉讼标的。在
汉语当中，"诉讼上请求"与诉讼请求一字之差，表面看来两者几
乎没有差异，但如果以此为前提断定诉讼请求等于诉讼标的，则显
然掉入了"望文生义"的陷阱。可以说是翻译固有的语境隔膜加
上汉语表达语义的模糊性造成了理论上的某种"阴差阳错"。

德文"Prozessualer Anspruch"在中文里目前有两种译法，一
种译为"诉讼上请求"，③ 一种译为"诉讼上之请求权"。④
Prozessualer Anspruch 缘起于民法上的 Anspruch（请求权）这一概

① 参见张晋红：《民事之诉研究》，法律出版社 1996 年版，第 114 页。
② 参见李龙：《民事诉讼标的理论研究》，法律出版社 2003 年版，第 13~15 页。
③ ［日］中村宗雄、中村英郎：《诉讼法学方法论》，陈刚、段文波译，中国法制出版社 2009 年版，第 124 页。
④ 陈荣宗：《民事程序法与诉讼标的理论》，台湾大学法学丛书编辑委员会编辑 1977 年版，第 331 页。

念，德国民法上的请求权概念由温德沙伊德"发现"。温德沙伊德认为请求权是权利保护手段（Mittel des Rechtss-chutzes），存在三层系统：第一层次的请求权是主观权利，如物权、债权，对其损害会产生排除妨害之权利；第二层次的请求权体现在权利被侵害时，也即产生了与法律所欲的秩序不相适应的状态，此时权利被转化为损害排除之权利；第三层次的请求权是为实现私法上之请求而对国家享有的公开请求法院救济的权利。① "从这三个层次来看，温德沙伊德并没有将要求国家追诉的因素排除在外，而且，温德沙伊德的请求权概念并不是纯粹的实体法或程序外请求权。"② 受温德沙伊德学说的影响，在德国民诉法起草时，立法者都把实体请求权作为诉讼标的，尚未在概念上严格区别民法上之请求权与诉讼上之请求权。③

至于现在诉讼标的所以能摆脱民法上之请求权概念的影响，而形成民事诉讼法上独立之概念，则是民事诉讼法学研究进步的结果。随着确认之诉和形成之诉的出现，学者们逐渐认识到，诉讼标的并不仅限于"实体请求权的争议"，在消极的确认之诉中，其诉讼标的系以不存在之权利为客体，在形成之诉中，诉讼标的系以形成权为客体，故在今日德国虽然对于诉讼标的之定义，尚未有统一的界说，但是对于诉讼标的与民法上之请求权，在概念上已能作严格区别。④ "学术上为区别民法上之请求权与诉讼标的

---

① 参见辜明安：《物权请求权制度研究》，法律出版社2009年版，第44页。

② Rimmelspracher, Materiellrechtlicher Anspruch und Streitsgegenstand probleme im Zivilprozess, 1970, p. 23. 转引自王洪亮：《实体请求权与诉讼请求权之辩——从物权确认请求权谈起》，载《法律科学》2009年第2期。

③ Rimmelspracher, Materiellrechtlicher Anspruch und Streitsgegenstand probleme im Zivilprozess, 1970, p. 3. 转引自王洪亮：《实体请求权与诉讼请求权之辩——从物权确认请求权谈起》，载《法律科学》2009年第2期。

④ 参见陈荣宗：《民事程序法与诉讼标的理论》，台湾大学法学丛书编辑委员会编辑1977年版，第332页。

之概念，而将诉讼标的称之为'诉讼上之请求权（Prozessualer Anspruch）'。"① 由此可见，"Prozessualer Anspruch" 是与"民法上之请求权"相对应的概念，虽然有学者将其译为"诉讼上请求"，但其更准确的译法应是"诉讼上之请求权"。相应地，在德国民诉法上，"诉讼标的"与"诉讼上请求"或说"诉讼上之请求权"是同一概念，② 而非如国内有些学者所断言的"诉讼标的"与"诉讼请求"是同一概念。③ "诉讼上请求"或者说"诉讼上之请求权"与我国民事诉讼法学通常使用的"诉讼请求"并非一个层面的概念，前者包含了作为诉讼请求基础的"权利或法律关系"。

四、诉讼请求与诉讼标的之关系界定

前文对各种有关诉讼标的的学说进行了简要梳理，介绍了关于诉讼请求与诉讼标的之间关系的争议，分析了产生这种争议的主要原因，下面笔者就诉讼标的内涵及其与诉讼请求之间的关系谈谈自己的看法。

我国台湾地区学者陈荣宗教授关于诉讼标的的有一段论述，原文是："我们所谓诉讼标的这个概念，很多人都很笼统，甚至在早期，我也是如此。但是 Prof. Brox 提出了一个对我们很有启发性的概念，他说'诉讼标的'这个概念与'判决的客体'的概念要分

---

① 参见陈荣宗：《民事程序法与诉讼标的理论》，台湾大学法学丛书编辑委员会编辑 1977 年版，第 333 页。

② 参见陈荣宗：《民事程序法与诉讼标的理论》，台湾大学法学丛书编辑委员会编辑 1977 年版，第 332 页。

③ 许可博士就此持同样的观点，他认为，"我国法上的诉讼请求与大陆法系中的'诉讼上的请求'并不是一一对应关系。在后者的理论中，'诉讼上的请求'与诉讼标的同义，而在我国法上，诉讼请求并非是'诉讼上的请求'，只是请求的内容，因此与诉讼标的不构成对应关系，仅仅是特定诉讼标的所需的条件之一。可能主要受术语翻译的影响，国内有学者将我国法上的诉讼请求等同于诉讼标的。应该说，这一观点值得商榷"。参见许可：《民事审判方法——要件事实引论》，法律出版社 2009 年版，第 136 页。

开,前者德文说 Streitsgegenstand des Prozesses,翻译成中文就是
'诉讼要审理的客体';后者德文叫 Streitsgegenstand des Urteils,就
是'法院要在主文中下判断的客体',他说这两个概念必须分开,
我们通常所讲的'诉讼标的'的概念,应该是指前者而言,在此
概念下,诉讼标的是不能分开的;如果是后者的话,那就与诉讼标
的有所不同,也就是在某些情况下在数量上是可以分开的,所以,
这个概念具体表现在诉讼里面。在判决里面是表现在什么地方呢?
他说,原告诉之声明这个部分,应该与判决的客体,也就是和主文
相关,诉之声明的部分,应与判决主文一致。原告所提出的所谓诉
讼标的,就成为在诉讼上法院整个必须要审理的对象,那么当然也
包括了事实、理由、法律关系等等。"① 这段论述对我们认识诉讼
标的应该有较大启示。

"总的来说,诉讼标的概念的形成可以说有两个方面的来源,
一是功能方面的来源,另一个则是学说史的来源。"② 我国大陆学
者讨论诉讼标的,习惯于在旧实体法说、诉讼法学说、新实体法说
以及诉讼标的相对性学说等各种学说中兜圈子,反而容易忽略了
"诉讼标的"这个词最初的意思以及最基本的功能。从词义的角度
看,"标的"是指行为所指向的对象,诉讼标的通俗的意思就是指
诉讼过程中当事人争执、法院审理、裁判所指向的对象,因此诉讼
标的应当涵盖了基础事实、诉讼理由以及诉讼请求等内容。有学者
直陈:"在民事诉讼实践中,诉讼标的应当是一个客观性描述概
念,有实际意义的是案件事实、法律理由、诉讼请求这些概念。"③
各种学说界定诉讼标的,有时侧重于在审理对象这个层面讨论,有
时侧重于在裁判对象这个层面讨论,有时则是两者兼而有之,因

---

① 范光群等:《裁判的脱漏》,载民事诉讼法研究基金会:《民事诉讼
法之研讨(二)》,台湾三民书局 1997 年版,第 394 页。
② 王亚新:《对抗与判定——日本民事诉讼的基本结构》,清华大学出
版社 2002 年版,第 85 页。
③ 赵秀举:《诉讼请求的比较分析》,载江伟主编:《比较民事诉讼法
国际研讨会论文集》,中国政法大学出版社 2004 年版,第 458 页。

此，难以形成统一的诉讼标的学说。立足于诉讼标的之实践功能，笔者以为，诉讼请求与诉讼标的之间的关系可以这样界定：诉讼请求是基于诉讼标的提出的权利主张，是识别诉讼标的的主要依据，但诉讼标的不仅仅是指诉讼请求，其还包括案件事实以及诉讼理由等内容。

第四节 诉讼请求的分类

对于诉讼请求，依照不同标准，可作不同的类别划分：

一、确认请求、给付请求与变更请求

根据原告请求的内容和目的不同，诉讼请求可以分为确认请求、给付请求和变更请求。

（一）确认请求

确认请求，是指原告在诉讼中提出的关于发生争议的民事法律关系是否成立，或者文书是否为真的权利主张。主张发生争议的民事法律关系成立或者文书为真的，叫做积极的确认请求；主张发生争议的民事法律关系不成立或者文书为假的，叫做消极的确认请求。在诉讼进行过程中，就为判决基础之法律关系，因有争执而请求确定该法律关系的，称为中间确认请求。[1] 确认请求具有以下特点：（1）只有在当事人的权利或地位产生不安或危险时，并且这种不安与危险必须是现实存在的，当事人才能提起确认请求。（2）一般情况下，当事人不能要求对事实进行确认，因为，如果法院仅仅对案件的事实本身（例如 20 年的占有）作出确认，对于纠纷之法的解决而言并不会产生直接效果，反而会使纠纷解决过程显得过于迂回，故而应当直接将法的效果及法律关系（基于时效的所有

---

[1] 德国民诉法第 256 条第 2 款规定，在诉讼进行中，原告和被告就法律关系的存在或不存在有争执，而该诉讼的裁判的全部或一部是以此法律关系为据时，原告可以在作为判决基础的言词辩论终结前，提起原诉讼申请的扩张、被告可以提起反诉，申请以裁判确定该项权利关系。

权取得）作为确认的对象。① 作为例外，当事人可对文书的真伪提出确认请求，我国民诉法对此没有规定，德国民诉法第256条第1款、日本民诉法第134条以及我国台湾地区"民诉法"第247条均明确规定，当事人可对文书的真伪提出确认请求。不过，这也并不意味着只要涉及"文书的真伪与否"，当事人就可以在任何情况下提出确认请求，提出文书真伪确认请求的必要性在于：一旦该文书的真伪获得确认，就必须使整个纠纷得到解决，以遗书真伪的确认为例，一旦"遗书由被继承人真实地书写之事实获得确认"，那么继承人之间的纠纷就会获得解决。② 在争执不仅仅涉及文书的真伪，而且与基于该文书而实施的法律行为之效果也产生关联性的情形下，法院仅仅对文书的真伪作出确认并无意义。（3）通常情况下，当事人不能要求对过去的法律关系进行确认，只能对现在的法律关系提出确认请求，除非从过去的法律关系可以推导出对当事人之间的法律关系至少有间接影响的法律效果。③ （4）由于单纯的确认判决不具有强制执行性，如果当事人可以直接提出给付请求或者不作为请求，通常就认为不具有确认利益，不得提出确认请求。④

（二）给付请求

给付请求，是指原告在诉讼中提出的请求被告履行一定民事义务的权利主张。给付请求是最为典型的诉讼请求，给付请求的基础包括契约、无因管理、不当得利、侵权行为等所生之债权请求权以及物因被侵害所生的物权请求权。依据不同标准，对给付请求可作进一步的分类：（1）依给付是否已届履行期，可分为现在给付之

---

① ［日］高桥宏志：《民事诉讼法制度与理论的深层分析》，林剑锋译，法律出版社2003年版，第300页。

② ［日］高桥宏志：《民事诉讼法制度与理论的深层分析》，林剑锋译，法律出版社2003年版，第301页。

③ 参见王洪亮：《实体请求权与诉讼请求权之辩——从物权确认请求权谈起》，载《法律科学》2009年第2期。

④ 参见王洪亮：《实体请求权与诉讼请求权之辩——从物权确认请求权谈起》，载《法律科学》2009年第2期。

请求与将来给付之请求。现在给付之请求，是指对履行期已届至或未约定履行期之民事义务所提出的权利主张；将来给付之请求，是指对履行期尚未届至之民事义务所提出的权利主张。（2）依请求给付的内容不同，给付请求可分为实物给付请求和行为给付请求。实物给付请求，是指要求被告履行交付一定物品的义务的权利主张，其又可分为特定物给付请求和种类物给付请求，广义而言，金钱给付请求可归类于种类物给付请求；行为给付请求，是指要求被告履行为或不为一定行为的义务的权利主张，行为给付请求中的"行为"，包括"作为"和"不作为"，故其又相应地分为作为给付请求与不作为给付请求。

（三）变更请求

变更请求，是指原告在诉讼中提出的关于形成权存在并因形成权的行使而导致某种法律关系发生、变更或消灭的权利主张。① 变更请求的提起，必须法律有特别规定者始得为之。变更请求的出现是"随1900年德国民法关于私法上形成权理论之确立与国家司法权扩大判决之法创定力"② 而确立的诉讼请求类型。变更请求依其形成之效果不同，可分为：（1）诉讼法上的变更请求，例如撤销调解请求、再审请求、撤销仲裁请求等；（2）实体法上的变更请求，例如撤销婚姻之请求、撤销诈害行为之请求、买卖价金减少之请求、增减租金之请求、离婚之请求等。

二、主位请求与备位请求

依据在预备合并之诉中提出顺序和作用的不同，诉讼请求可分为主位请求和备位请求。"预备合并之诉系指，原告预备其所提起主位诉讼无理由，因而在同一诉讼程序同时提起预备之诉讼为合

---

① 有学者否认独立的形成之诉的存在，认为形成之诉本质上属于确认之诉。参见陈桂明、李仕春：《形成之诉独立存在吗——对诉讼类型传统理论的质疑》，载《法学家》2007年第4期。

② 陈计男：《民事诉讼法论（上）》，台湾三民书局2002年版，第201页。

并，以备位诉讼无理由时，可就其预备之诉讼为审判之诉讼。"①
原告在主位诉讼中提出的诉讼请求，是为主位请求；原告在备位诉
讼中提出的诉讼请求则为备位请求。主位请求和备位请求的地位有
主次之分、轻重之别，两者不是并列平等的，因此它们又被分别称
为先位声明和后位声明。② 原告首先选择主位请求，只是在主位请
求被判决无理由的情况下，才会请求法院依备位请求进行审判。当
主位请求获得胜诉判决时，备位请求即不发生诉讼法上的法律效
力。

三、本诉请求、反诉请求、参加之诉请求、上诉请求、再
审之诉请求

依据所属诉的形态不同，诉讼请求可分为本诉请求、反诉请
求、参加之诉请求、上诉请求以及再审之诉请求。

本诉请求就是我们通常所讲的诉讼请求，具体是指诉方当事人
在第一审程序中提出的诉讼请求。反诉请求是指在本诉的诉讼程序
中，本诉被告提起反诉时所提出的诉讼请求。参加之诉请求是指有
独立请求权的第三人以独立实体权利人的资格参与到本诉之中而提
出的诉讼请求。反诉请求是针对本诉而提起的，参加之诉请求是因
为第三人认为其对当事人双方的诉讼标的有独立的请求权，故而提
起参加之诉而提出的诉讼请求，因此，反诉请求、参加之诉请求与
本诉请求均有密切的关系。

上诉请求是指"当事人因不服第一审判决而向二审法院提出
的关于如何处理原判决及其民事纠纷的具体主张"。③ "上诉请求
所反映出的上诉的态度和目的往往是双重性的。上诉请求的内容首
先表明的是上诉人对如何处理原判决的态度：或者全部撤销予以废

①　陈荣宗：《举证责任分配与民事程序法（第二册）》，台湾大学法学
丛书编辑委员会编辑 1984 年版，第 108~109 页。
②　参见刘田玉：《预备合并之诉的合法性及其适用》，载《甘肃政法学
院学报》2004 年第 1 期。
③　张晋红：《民事之诉研究》，法律出版社 1996 年版，第 140 页。

弃，或者部分撤销予以变更。这一态度体现的是上诉人的直接目的。"① "上诉人如果欲以自己的主张解决纠纷，就必须在上诉请求中表明其对如何解决该纠纷的态度。" "这一内容所反映出来的诉之目的，应当是上诉的终极目的。"② "在诉讼实践中，上诉人对于撤销原判决如何解决纠纷这一问题有两种做法：一是上诉人自己在上诉请求中作为具体内容之一予以明确；二是上诉人不作明确表示，只是笼统表述为'请求二审法院依法判决'。"③ 在上诉请求的两方面内容中，第一方面的内容是必备的，即上诉人必须在上诉请求中明确具体地表明对原判决如何处理及其处理范围的主张。第二方面的内容实际上不是必备的，上诉人依其自愿决定是否陈述其对如何解决纠纷的主张。④ 依照上诉人对原判决如何处理的主张不同，上诉请求可分为，撤销原判决请求和变更原判决请求。上诉请求之内容是主张撤销原判决的全部的，即是撤销原判决请求；上诉请求之内容是主张依法部分改变原判决内容的，即为变更原判决请求。

　　再审之诉请求是指，当事人因不服原审判决而向再审法院提出的关于如何处理原判决及其民事纠纷的具体主张。再审之诉请求的内容和分类类似于上诉请求，此处不赘述。

---

① 张晋红：《民事之诉研究》，法律出版社 1996 年版，第 140 页。
② 张晋红：《民事之诉研究》，法律出版社 1996 年版，第 140 页。
③ 张晋红：《民事之诉研究》，法律出版社 1996 年版，第 140 页。
④ 张晋红：《民事之诉研究》，法律出版社 1996 年版，第 140 页。

第二章　诉讼请求的功能及其确定

第一节　诉讼请求的功能

原被告之间的讼争必须是基于某种法律关系而进行，基于这种法律关系，原告提出其诉讼请求。围绕原告的诉讼请求，当事人之间展开攻击防御，法院对案件进行审理和裁判。因此，诉讼请求对于民事诉讼法律关系的形成、推进以及终结有着重要影响。具体而言，诉讼请求在民事诉讼中的功能主要表现在以下方面。①

一、表明起诉目的

"诉讼的目的是诉方当事人的主观愿望和诉讼利益的追求所在，因而它总要通过一定的形式予以表现，以使法院和对方当事人明了。表现当事人在诉讼中所要达到目的的形式就是诉讼请求，诉讼请求就是诉之目的的载体。"② "虽然当事人提出诉的直接目的是引起诉讼程序开始和求得法院行使审判权，但是其中隐含另一个更深的目的，即法院行使审判权对纠纷的处理结果符合自己所欲求的实体效果。诉方当事人把自己提起诉讼和进行诉讼所欲求的实体效果，以诉讼请求方式表现出来，提交给法院裁判。而诉讼请求的具体内容，与诉方当事人的诉讼目的恰相吻合。"③

---

① 此处讨论的诉讼请求功能主要是作为诉讼请求基本型态的一审诉讼请求的功能。

② 张晋红：《民事之诉研究》，法律出版社 1996 年版，第 116 页。

③ 张晋红：《民事之诉研究》，法律出版社 1996 年版，第 112 页。

正因为诉讼请求是诉讼目的之载体，揭示了当事人进行诉讼的动因，因此各国民诉法均规定，诉讼请求是诉状的必要记载事项之一。① 如果原告在起诉状中没有写明诉讼请求，法院可以要求原告在一定期间内予以补正，起诉状经补正达到规定要求，则起诉才被视为有效提出，否则法院可以裁定不予受理或驳回起诉。

二、指引诉辩方向

诉讼或审判对象的形成总的来看可以分成下表所示的三个层次：②

层　　次	适用的程序法原则	内　　容
第一层次	处分权主义	请求（诉讼标的）
第二层次	辩论主义	要件事实（主要事实、重要的间接事实）
第三层次		间接事实、辅助事实、背景事实

"在第一层次，当事人通过请求提示作为纠纷主题的诉讼标的，指明希望获得的实体法规范所规定的一定法律效果。在第二个层次，当事人则围绕实体法上权利的发生、妨碍、阻却及消灭等要件提出各种主要事实（有些情况下包括重要的间接事实），通过双方的主张和反驳等攻击防御而使审判对象较完整地呈现出来。纠纷或案件事实只要表现在这两个层次上，就构成了法官经证据的审查等审理活动之后足以作出判决的对象。当然，尽管形成于这两个层次上的是纠纷或案件的主体或'骨架'，但呈现出来的仍不是纠纷的全体而只是部分。进入第三个层次，在更加广泛的间接事实以及辅助事实、背景事实的提供与获得之后，案件的整体面貌才能完全浮现出来。尽早和尽可能广泛地了解或获得第三层次上的各种事

① 参见常怡主编：《比较民事诉讼法》，中国政法大学出版社 2002 年版，第 450~451 页。

② 图表转引自王亚新：《对抗与判定——日本民事诉讼的基本结构》，清华大学出版社 2002 年版，第 114 页。

实，不仅对于法官针对前两个层次的案件事实作出判断大有帮助，而且在案件不通过判决而利用诉讼上的和解等当事人自身达成合意的方法来解决时，往往能够起到决定性的重要作用。"①

由上表及相应分析可以看出，当事人提出诉讼请求是形成诉讼或审判对象的第一层次的要素，是推进诉讼程序的基础，没有诉讼请求，当事人之间的攻击防御便无法展开。诉讼请求不仅是识别诉讼标的之重要依据，同时也是当事人展开诉辩的主轴，无论是关于法律适用的诉辩，还是提出要件事实、间接事实、辅助事实以及背景事实等，当事人都必须要围绕诉讼请求而进行。如要获得预期的实体利益，当事人就应当紧扣诉讼请求提出主张、反驳并加以证明。②

三、限定案件审理及裁判范围

法院裁判范围应受当事人诉讼请求的限定，这是处分原则的基本内容之一。根据处分原则的要求，当事人的诉讼请求对于法院裁判具有决定意义，法院既不得超出当事人的诉讼请求作出裁判，也不得漏判当事人的诉讼请求。具体到裁判文书中，法院应在判决主文部分针对当事人的诉讼请求——作出回应。"法院为判决时，即应依当事人应受判决事项之声明，于主文中为适当之记载，声明事项全部容许者，依其声明在主文中谕知全部胜诉之判决，声明事项一部分容许者，在主文中应为'原告其余之诉驳回'或'其余上

---

① 王亚新：《对抗与判定——日本民事诉讼的基本结构》，清华大学出版社 2002 年版，第 114~115 页。

② 《最高人民法院关于民事诉讼证据的若干规定》（法释〔2001〕33 号，以下简称《证据规定（2001 年）》）第 2 条规定，当事人对自己提出的诉讼请求所依据的事实或者反驳对方诉讼请求所依据的事实有责任提供证据加以证明。没有证据或者证据不足以证明当事人的事实主张的，由负有举证责任的当事人承担不利后果。2019 年 12 月修订的《最高人民法院关于民事诉讼证据的若干规定》（法释〔2019〕19 号，以下简称《证据规定（2019 年）》）第 49 条规定，被告应当在答辩期届满前提出书面答辩，阐明其对原告诉讼请求及所依据的事实和理由的意见。

诉驳回'之判决。判决主文与当事人声明有密切关联,'应受裁判事项之声明'应为法院裁判之对象,乃为无可争论之事项。"① 关于裁判范围应受诉讼请求限制,在很多国家和地区,均作为民诉法的一项基本原则加以规定。例如,日本民诉法第 246 条规定,对当事人没有申请的事项,法院不得作出判决;法国民诉法第 5 条规定,法官应对所有请求事项并且仅对所请求的事项为裁判宣告;德国民诉法第 308 条(1)规定,法院没有把当事人未申请的事项判给他的权限,特别是果实、利息和其他附带请求,亦应如此;我国台湾地区"民诉法"第 388 条规定,除别有规定外,② 法院不得就当事人未声明之事项为判决。当然,也并非所有国家均在民事诉讼领域贯彻了处分原则,作为强职权主义立法的代表,《俄罗斯联邦民事诉讼法》(以下简称"俄罗斯民诉法")第 195 条规定,法院审理案件应在原告提出的诉讼请求范围内进行。如果认为对保护原告的权利和合法利益有必要,或在其他法律规定的情况下,法院可以超出原告提出的诉讼请求范围。

我国民诉法对诉讼请求与裁判范围之间的关系没有十分明确的限定,但从相关立法、司法解释规定以及诉讼实践来看,我国民事诉讼领域亦在总体上遵循了处分原则,③ 但在例外情况下则贯彻了职权干预精神。比如,在二审程序部分,我国现行民诉法第 168 条规定,④ 第二审人民法院应当对上诉请求的有关事实和适用法律进行审查,这可视为对二审裁判范围较为概括的限制。《最高人民法院关于适用〈中华人民共和国民事诉讼法〉的解释》⑤(以下简称《适用民诉法解释》)第 323 条规定,第二审人民法院应当围绕当事人的上诉请求进行审理。当事人没有提出请求的,不予审理,但

---

① 杨建华:《问题研析民事诉讼法(二)》,台湾三民书局 1997 年版,第 165~166 页。
② 主要是关于诉讼费用方面,法院的裁判不受当事人诉讼请求的约束。
③ 2007 年修正后的民诉法将"原判决、裁定遗漏或超出诉讼请求"作为再审事由之一加以规定,体现了处分原则的要求。
④ 1991 年通过的民诉法、2007 年修正的民诉法第 151 条。
⑤ 法释〔2015〕5 号。

一审判决违反法律禁止性规定，或者损害国家利益、社会公共利益、他人合法权益的除外。① 由此可见，当涉及违反法律禁止性规定以及损害第三方利益时，司法解释贯彻的是全面审查原则，体现了一定的职权干预色彩。关于二审程序中法院的审理范围，理论上有一定争议，有观点认为，法院超出当事人上诉请求进行审理，职权主义色彩过浓，不甚合理；但也有观点认为，法院在二审程序中应贯彻适当干预原则，"第二审程序的审理范围应符合当事人的上诉请求，但不应受当事人上诉的绝对限制"。② 笔者赞同后一种观点，理由是二审裁判不仅要解决当事人之间的私权纠纷，还担负着审级监督功能，同时也为了防止当事人借助法院审判权行非法、违法之实，因此在必要的情况下二审法院裁判应有适当干预。③ 至于一审程序中，本着私法领域当事人意思自治原则以及民事诉讼处分原则的要求，法院裁判应当严格依照当事人的诉讼请求而为。④

---

① 《最高人民法院关于适用〈中华人民共和国民事诉讼法〉若干问题的意见》（以下简称《适用民诉法意见》，法发〔1992〕22号，已废止）第180条规定，对上诉请求的有关事实和适用法律进行审查时，如果发现在上诉请求以外原判决确有错误的，也应予以纠正。该规定贯彻的实际上也是全面审查原则。

② 陈桂明：《诉讼公正与程序保障——民事诉讼程序之优化》，中国法制出版社1996年版，第194页。

③ 《适用民诉法解释》）第410条规定，人民法院审理再审案件应当围绕再审请求进行。当事人的再审请求超出原审诉讼请求的，不予审理；符合另案诉讼条件的，告知当事人可以另行起诉。人民法院经再审，发现已经发生法律效力的判决、裁定损害国家利益、社会公共利益、他人合法权益的，应当一并审理。由此可见，关于再审程序中法院的审理范围，同样贯彻了处分原则，例外情况下允许职权干预。因涉及诉讼法理与二审类似，此处不赘述。

④ 《最高人民法院关于民事调解工作若干问题的规定》（法释〔2004〕12号）第9条规定，调解协议内容超出诉讼请求的，人民法院可以准许。"就诉讼法理而言，当事人超出诉讼请求范围达成的调解协议，可被看成是一方当事人所提出的新的诉讼请求得到了对方当事人的认诺。"因此，人民法院确认当事人之间超出诉讼请求范围达成的调解协议，不应视为通常的超诉请裁判。详见赵钢：《法院确认超诉请范围的调解协议之法理基础》，载《法学评论》2007年第5期。

第二节 诉讼请求的确定

诉讼请求是法院经过审理之后的具体判决对象。法院的全部审理活动都是为最终对诉讼请求妥当与否作出判决,而诉方当事人的全部诉讼活动也是为求得法院裁判的结果与诉讼请求的旨意相一致。① 因此,作为一般原则,在诉讼初始阶段,诉讼请求即必须得到确定。

一、诉讼请求确定概述

诉讼请求确定蕴含两层内容,一层是动态意义上的对诉讼请求的设定,另一层是静态意义上的要求,即诉讼请求应具体、明确。其中,后一层意义上的诉讼请求确定是对前一层意义上诉讼请求确定的限制,也是诉讼请求确定所要重点研究的问题。②

(一) 诉讼请求的设定

一般而言,设定诉讼请求的义务应当由原告履行,并且诉讼请求必须在诉状中加以写明,这一点各国民诉法均有规定。立法之所以将设定诉讼请求规定为原告的诉讼义务,并且要求原告在诉状中写明诉讼请求,其理论基础在于:(1) 处分原则的要求。"民事诉讼法对于民事诉讼对象之民事事件贯彻私法自治的原则。因而,当民事纠纷发生时,是否向法院提起诉讼并通过判决解决事件取决于当事人的意思。而且,如果当事人向法院提起诉讼,要求法院在多

---

① 参见张晋红:《民事之诉研究》,法律出版社 1996 年版,第 118 页。

② 在大陆法系民诉法理论上有"特定诉讼标的"的概念,"特定诉讼标的"也可称为"确定诉讼标的","特定诉讼标的是通过原告的诉讼请求(请求旨趣)和最低限度的必要事实(原因事实,也被称为此一含义上的请求原因)来完成的。""诉讼请求是特定诉讼标的的要素之一,或者概括地说,诉讼请求是诉讼标的的判决表达式。"参见许可:《民事审判方法——要件事实引论》,法律出版社 2009 年版,第 159~163 页。在上述意义上,诉讼请求之确定既是特定诉讼标的的基础,也是特定诉讼标的的基本要求。

大范围内作出裁断也听凭于当事人（原告）的自由。"①原告通过诉讼想要达到什么目的，想要获得什么样的结果，自然应当由其自己决定。（2）平衡诉辩关系的要求。原告起诉之后，被告必须针对原告的起诉进行答辩，阐明其对原告诉讼请求及所依据的事实和理由的意见。因此，在诉讼之初，原告应表明其诉讼请求，以便被告进行答辩，如果原告不提出具体的诉讼请求，不仅法院无法裁判，被告也无法答辩，诉讼根本无法推进；如果允许原告在诉讼中随意变更或确定诉讼请求，则势必会导致诉讼的迟延和对被告程序利益的损害。

　　设定诉讼请求是原告的诉讼义务，并且在起诉之初，原告就应当提出明确、具体的诉讼请求，但诉讼毕竟是一个动态的过程，"一般来说，在诉讼的最初阶段，即使原告对所提出的攻防对象的内容多少有些漠然，但若以被告开展的辩论活动为参考，经过原告和被告间的诉争，争议内容渐渐会变得具体化起来，这是一般诉讼案的常有形态。是诉讼的实际经验在理论上的反映。诉讼初期，作为原告，在很多情况下，难以确切地预料案件的发展方向，随着诉讼的展开，通过对手的诉争，能很快确定下面的辩论焦点"。②"这就像去要求刚进入大学一年级的学生，要他们清楚地表达出到毕业为止以什么为目标，怎样学习一样，通常都是难以做到的。在诉讼的最初阶段，就考虑必须提出和最终判决相差无几的严密的诉讼请求，这是没有把诉讼作为一个动态发展的过程来看待，将会陷入纸上谈兵的危险境地。尤其是在称为现代型的纷争诉讼类型中，裁判对象的确定在某种程度上具有'摸索性'的倾向也是不得已之事。"③

---

①　［日］中村英郎：《新民事诉讼法讲义》，陈刚、林剑锋、郭美松译，法律出版社 2001 年版，第 110 页。

②　井上治典：《诉讼请求及其确定》，载《法学ヤミへ》1982 年第 5 期。

③　井上治典：《诉讼请求及其确定》，载《法学ヤミへ》1982 年第 5 期。

所以说，在一般情况下设定诉讼请求是原告的义务，但被告的防御行为对诉讼请求的确定无疑在客观上也有促进作用，另外，法院于必要时也会提示原告提出准确的诉讼请求。从理论上讲，"诉讼请求的释明包括指出诉讼请求不清楚、不充分之处以及促使诉之变更与诉的合并的释明等"。① 因此，诉讼请求的设定在某些情况下并不是"一锤定音"的行为，而应是一个动态过程，在诉讼过程中应有条件地允许原告对诉讼请求进行变更。

（二）诉讼请求的明确、具体

确定诉讼请求另一层重要含义是诉讼请求必须明确、具体，诉讼请求在何种程度上达到了所谓具体明确，是需要研究的问题。有学者归纳后认为，诉讼请求明确、具体主要包含了以下两方面的要求：②

1. 诉讼请求的内容必须明确

所谓明确，是指诉讼请求的内容明白确定，而非模糊不清。明确的诉讼请求对法院的意义是：法院能够通过诉讼请求知晓明了诉方当事人的具体诉讼主张是什么；明确的诉讼请求对对方当事人的意义是：对方当事人可以通过诉讼请求知晓答辩的内容和方向。对诉讼请求明确性的具体要求是：其一，诉讼请求的种类清楚，即是请求确认或给付，还是请求变更，抑或两者兼有，均应当明白无误；其二，诉讼请求的范围明确，即诉讼请求要求法院判决哪些事项是确定的。③ 例如，除请求判决给付医药费之外，还要不要判决给付护理费或营养费等，都应列举清楚，不可以笼统要求法院判决赔偿"一切损失"。另外，诉讼请求之每一事项的处理范围也应明

---

① 熊跃敏：《民事诉讼中法院的释明：法理、规则与判例——以日本民事诉讼为中心的考察》，载江伟主编：《比较民事诉讼法国际研讨会论文集》，中国政法大学出版社 2004 年版，第 550 页。

② 关于诉讼请求明确、具体部分的论述，主要参考了张晋红：《民事之诉研究》，法律出版社 1996 年版，第 118~119 页。

③ 参见姜世明：《诉之声明之明确性原则》，载《月旦法学教室》2009年第 3 期。

确。例如，请求赔偿医药费、护理费时，每一项赔偿费的具体数额要确定，应明示请求赔偿医药费××元，护理费××元，而不能只写成：请求判决给付医药费和护理费。

2. 诉讼请求的内容必须特定

所谓特定，是指诉讼请求的内容所指向的权利、义务或标的物、行为，均应特定化，即限于一定的范围，使其成为特定的请求，从而有别于任何其他诉讼请求。在确认之诉中，原告应当请求确认当事人之间存在或不存在某一民事法律关系，而不能只是请求确认当事人之间存在或不存在民事法律关系。在给付物品之诉中，必须使请求给付的物品特定化，如应请求被告返还某一幅画，而不能请求为返还一幅画。在不作为的给付之诉中，原告请求禁止的行为或者请求禁止产生的侵害结果亦应当特定化，即应明确要求禁止的是谁的什么行为，或者禁止谁的行为产生什么样的侵害结果。如，可以请求法院判决特定的被告停止排放有毒废水，但不可以请求法院判决停止水污染。又如，可以请求法院判决被告使用的机器发出的噪音不得超过多少分贝，但不能要求法院判决停止噪声污染。在变更之诉中，请求变更的法律关系或变更的具体部分也应当是特定的，不可作泛泛请求。

应该说，张晋红教授的上述归纳总体上对何谓诉讼请求"明确、具体"作了合理阐释。此外，就上诉请求和再审之诉请求的确定而言，其与一审程序中诉讼请求确定的要求有所区别，如前文所言，上诉请求和再审之诉请求主要由两部分组成，一是要表明上诉人或再审申请人对原裁判的态度，二是要表明其对纠纷具体如何处理的主张，在这两部分中，第一方面的内容是必备的，第二部分的内容并非是必备的。上诉请求及再审之诉请求的确定，核心问题是要表明上诉人或再审申请人对原裁判的哪些判项不服，并要求上诉法院或再审法院对相关判项全部撤销予以废弃或部分撤销予以变更。之所以要求上诉人在上诉请求、再审申请人在再审请求中就其对原裁判有关判项的态度予以明确，是因为，一般情况下，上诉法院和再审法院的审理、裁判主要是围绕当事人的上诉请求和再审请求进行，① 如果当事人在上诉请求和再审之诉请求中没有充分具体地表明其对原裁判的态度，这不仅不利于上诉法院和再审法院的审理、裁判，同时对于其自身合法权益的保护也将极为不利。

二、诉讼理由与诉讼请求确定

（一）诉讼理由与诉讼请求的关系

按照通常认识，所谓诉讼理由，就是原告为什么要向人民法院提出具体诉讼请求的主要依据。② 我国现行民诉法第 119 条规定，原告起诉必须有具体的诉讼请求和事实、理由。虽然从根本上而言，诉讼理由以及诉讼请求均是由当事人之间争议的实体法律关系内容所决定，但在基础事实契合于不同的实体法律要件的情况下，"诉讼理由与诉讼请求具有因果关系，或者说诉讼理由与诉讼请求具有一致性"。③正因为此，当事人如何描述诉讼理由对诉讼请求的确定具有至关重要的意义。

关于诉讼理由的具体构成，我国民事诉讼法学理论上并没有统一界定。代表性观点有三种：（1）"事实说"，该观点认为，诉讼理由就是原告提出权利主张的事实根据和原因。诉讼理由包括两类事实：一是争议民事法律关系发生、变更或者消灭的法律事实；二是当事人民事权益是否确实受到侵害或者发生争议的事实。前一类事实作为理由是用来确定原告要求审判保护的实体根据，后一类事

---

① 我国现行民诉法第 168 条规定，第二审人民法院应当对上诉请求的有关事实和适用法律进行审查；最高人民法院《关于适用〈中华人民共和国民事诉讼法〉审判监督程序若干问题的解释》（法释〔2008〕14 号，以下简称《审判监督程序解释》）第 33 条规定，人民法院应当在具体的再审请求范围内或在抗诉支持当事人请求的范围内审理再审案件。

② 参见王怀安主编：《中国民事诉讼法教程》，中国政法大学出版社1996 年版，第 250 页。

③ 参见施付阳、张翔：《民事诉讼理由与裁判理由的冲突及其模式选择》，载《法律适用》2009 年第 8 期。

实作为理由是用来确定当事人请求通过审判保护实体权利的原因。① （2）"事实根据和法律根据说"，该观点认为，诉讼理由就是原告提起诉讼的事实依据和法律依据。事实依据有两类，具体内容与"事实说"相同。所谓法律依据，是指诉讼请求在法律上应受保护的根据。② （3）"事实根据、法律根据和主观认识说"，该观点认为，诉讼理由是当事人起诉和意在使诉讼请求得以获得法院支持的依据。诉讼理由包括三方面的内容：一是事实根据，包括两类事实，具体内容与"事实说"相同；二是法律根据，包括诉讼法和实体法两方面的根据；三是主观认识，即诉方当事人自己的一些见解。③

　　大陆法系及英美法系民诉法上均没有诉讼理由的概念，但有请求原因的概念，多数国家民诉法均规定，诉状应当记载当事人、诉讼请求以及请求原因。④ 当事人属于诉讼主体范畴，之所以要求诉状记载当事人，是为了便于确认诉讼的原告、被告。诉讼请求反映了当事人提起诉讼的目的，之所以要求诉状记载诉讼请求主要是为了确定法院审理、裁判的范围。请求原因则对应于我国民诉法上的诉讼理由，之所以要求诉状记载请求原因，亦是为了确定诉讼请求。请求原因是对诉讼请求的补充，是进一步明确或特定作为裁判对象的诉讼请求所必要的。⑤ 对于作为诉讼理由的请求原因应如何界定，各国民诉法学理论亦有不同认识。在日本，有学者认为，请

---

① 参见柴发邦主编：《民事诉讼法学新编》，法律出版社 1992 年版，第 61 页。

② 参见柴发邦主编：《中国民事诉讼法学》，中国人民公安大学出版社 1992 年版，第 285 页。

③ 吴明童主编：《中国民事诉讼法学新论》，中国政法大学出版社 1992 年版，第 46 页。

④ 参见德国民诉法第 253 条，日本民诉法第 133 条，法国民诉法第 54 条，英国民诉法第 8（2）、16（2）条，美国联邦民事诉讼规则第三章第 8 条第 1 款，我国台湾地区"民诉法"第 244 条，我国澳门特区民诉法第 389 条，等等。

⑤ 参见［日］兼子一、竹下守夫：《民事诉讼法》，白绿铉译，法律出版社 1995 年版，第 58 页。

求原因是指请求的法律根据，或法律要件事实的摘示，① 是识别和特定诉讼请求是什么样的权利关系的主张所必要的最低限度的成立事实。② 在德国，请求原因则并非指诉讼请求的法律根据，而是指案件事实，即自然状态下的案件事实。③ 在法国，有学者认为，请求原因是"可以用来鉴别诉讼请求的抽象的法律原则"，是"法的形式规则"；有学者则认为，请求原因是由"为了确认主观权利而援用的各种具体的事实情节"所构成的，请求原因可归结为某种"事实的综合"，而这一"事实的综合"组成了产生有争议的权利的全部要件，或者说，组成了所援引的法律利益的全部要件。④ 在英美法系国家，由于其有着事实出发型的诉讼传统，因此并不要求当事人在诉状中表述请求所依据的法律，而是要说明作为请求基础的事实。⑤

（二）阐述诉讼理由的度

无论是国内学术界对诉讼理由具体构成的争议，还是域外理论上关于请求原因的不同界定，均从侧面反映了对诉状中诉讼理由阐述详略程度的不同要求。当事人在诉状中对诉讼理由的阐述到底是应止于"自然事实"程度，还是应达到对"法律要件事实"的"摘要"呢？支持"自然事实说"的观点认为，要求当事人只在诉状中陈述其起诉的请求目标并提出自然原因事实，便于当事人起诉，而不会因其不知法而被拒绝于诉讼之外，要求当事人起诉时说明请求的法律依据或法律要件事实，某种程度上可能会造成当事人

---

① 参见［日］中村英郎：《新民事诉讼法讲义》，陈刚、林剑锋、郭美松译，法律出版社 2001 年版，第 146 页。

② 参见［日］兼子一、竹下守夫：《民事诉讼法》，白绿铉译，法律出版社 1995 年版，第 58 页。

③ 参见［德］狄特·克罗林庚：《德国民事诉讼法律与实务》，刘汉富译，法律出版社 2001 年版，第 75 页。

④ 参见［法］让·文森、塞尔日·金沙尔：《法国民事诉讼法要义（上）》，罗结珍译，中国法制出版社 2001 年版，第 538~539 页。

⑤ 参见常怡主编：《比较民事诉讼法》，中国政法大学出版社 2002 年版，第 452 页。

之起诉权在实现上的障碍。① 笔者以为，关于当事人在诉状中应如何阐述诉讼理由，应作全面分析：一方面，在实然层面，当事人对诉讼理由的阐述一般不会仅止于"自然事实"的程度，他总是会表达自己对案件的看法，如上文所述，诉讼理由往往包含了当事人的主观认识，包括对事实依据的认识及其结论，对法律依据的认识及其结论，案件事实满足实体法律要件的情况，等等。另一方面，在应然层面，我们应综合考虑确定诉讼请求与当事人的知法程度、诉讼的便利性以及诉讼过程的动态性等因素之间的关系。在成文法国家，案件事实应契合某一实体法律要件的构成是不容回避的问题，即便是在起诉之初，当事人也应尽最大可能去表述好这种"事实与法律的契合"，以便于对方答辩，也便于法院尽早确定裁判对象。"请求原因是指识别和特定请求是什么样的权利关系主张所必要的最低限度的成立事实。不过，这里说的是作为诉状起码要明确的事实。除此之外，特别是原告为了证明其请求有理由预先在诉状中记载应在口头辩论中主张的事实是可以的，而且法律也鼓励这样做。"② 但同时，由于当事人诉讼能力的限制以及诉讼过程的动态性，立法又不宜对当事人在诉状中阐述诉讼理由作过于苛刻的要求，一般而言，当事人对诉讼理由的描述只要能达到"最低限度地确定诉讼请求"即可。并且，在诉讼过程中，应有条件地允许当事人变更诉讼理由以及由此引起的相应诉讼请求变更。诚如我国台湾地区学者所言，作为诉讼理由的原因事实实际上已经包含了对基础事实的法律评价，但这种评价本身不一定准确甚至不一定对当事人有利，同一个基础事实可以产生不同的原因事实，并且原告起诉时可能并未完全确定原因事实，这就需要审判人员通过行使阐明权让其补足。③

---

① 参见常怡主编：《比较民事诉讼法》，中国政法大学出版社 2002 年版，第 452 页。

② 参见［日］兼子一、竹下守夫：《民事诉讼法》，白绿铉译，法律出版社 1995 年版，第 58 页。

③ 许士宦：《民事诉讼法修正后之诉讼标的理论》，载《台大法学论丛》2005 年第 1 期。

三、选择性诉讼请求探析

（一）选择性诉讼请求及相关争议

对于普通民事诉讼案件而言，当事人一般只能根据争议的民事法律关系提出某一或某几个并列的诉讼请求，在这样的情况下，诉讼请求是具体的、明确的。但在有些案件中，由于实体法律规范规定的法律责任是选择性的，故当事人可基于案件事实相应地提出选择性的诉讼请求，例如，《中华人民共和国民法通则》（以下简称《民法通则》）第117条第2款规定，损坏国家的、集体的财产或他人的财产的，应当恢复原状或者折价赔偿，在某案中，原告要求法院判令被告恢复原状或者赔偿损失。对此类诉讼请求应如何认识？其是否符合诉讼请求之"确定"要求？诉讼实践中是否应当允许？需要我们认真探讨。

有观点认为，当事人可以提出选择性诉讼请求。理由是：（1）既然实体法规定的法律责任是选择性的，当事人当然可以提出相应的诉讼请求；（2）选择性诉讼请求不但便于当事人根据案件的审理情况随时作出最有利的选择，同时也便于法院根据案件审理情况及时作出判决，体现了便民与效率精神；（3）选择性诉讼请求给了当事人更多机会，包括给了对方当事人更多选择机会，有利于纠纷彻底解决。[1] 反对的观点认为，当事人提起选择性诉讼请求不符合法律规定，如果允许提起选择性诉讼请求，会在审判实践中造成许多问题，理由是：（1）我国现行民诉法第119条规定，[2] 起诉必须有具体的诉讼请求和事实、理由。这里所谓"具体的"应理解为文字表述清楚、内容确定、意思明白无歧义。选择性诉讼请求的表述也许是清楚的，但由于是选择性的，表明原告自己也明白依法其只能享有其中的一项权利，而不可能同时获得法院支持，因此原告的诉讼请求其实仍然是不确定的。（2）诉讼请求中不同的"选

---

① 丁加伟：《选择性诉讼请求是否可行》，载 https：//www.chinacourt.org/article/detail/2004/05/id/117249.shtml，2019年1月30日访问。

② 1991年通过的民诉法、2007年修正的民诉法第108条。

项"也许有相同的事实理由，但必然有不同的法律理由。以上述请求恢复原状与赔偿损失为例，如果原告要求恢复原状，就会要求法院在审理时不但要分清责任，还要查明"原状"是什么，并要求当事人对此进行举证；如果原告要求赔偿损失，则会要求法院在审理时不但要分清责任，还要查明"损失"到底有多少。如果允许当事人提出选择性诉讼请求，法院就应当针对所有的诉讼请求可能涉及的事项进行审查，但最终的判决结果却并不要求如此全面，在司法资源如此紧张的情况下，这样做不免过于浪费。（3）如果当事人提起选择性诉讼请求的"选项"并非都可以成立，那么在原告同时提起几种诉讼请求由法院选择判决的情况下，法院到底应判该当事人胜诉还是败诉呢？这值得研究。再以上述恢复原状与损害赔偿诉讼请求为例，如果被告擅自拆毁原告的某违章建筑，原告诉请恢复原状，法院当然不能支持，但如果原告请求被告赔偿损失，则意味着即便是违章建筑，法院显然也不能直接驳回原告的诉讼请求。①

（二） 如何看待选择性诉讼请求

从理论上来看，选择性诉讼请求显然不符合诉讼请求"确定"之要求。选择性诉讼请求至少有以下弊端：（1）破坏诉讼的安定性，使诉讼程序处于不确定状态。（2）造成被告不利的诉讼地位。如果被告进行了答辩，其应有权获得相应的诉讼结果，但在原告提起选择性诉讼请求的情况下，被告不得不对原告提出的两个甚至多个诉讼请求进行答辩，而其最终只能获得针对某一诉讼请求的裁判结果，其他诉讼活动均将归于徒劳。（3）给法院审理和裁判造成程序上的困惑。如对选择性诉讼请求应按何种顺序进行审理？如果几个选择性诉讼请求都能够成立，法院应如何裁判？如果有的诉讼请求成立，有的诉讼请求不成立，法院又应如何裁判？这些都是承认选择性诉讼请求不能回避的问题。

从实践角度看，德国、日本以及我国台湾地区在诉讼实务上均

---

① 丁加伟：《选择性诉讼请求是否可行》，载 https：//www. chinacourt. org/article/detail/2004/05/id/117249. shtml，2019 年 1 月 30 日访问。

承认诉之选择合并，诉之选择合并最典型的情形就是以代偿请求为内容之诉之选择合并，例如原告起诉，求命被告交付房屋一所，并命被告不交付房屋时，即付赔偿金若干元，① 此种情形的诉之选择合并实际上即为当事人提起了选择性诉讼请求。实务上之所以要认可当事人提起选择性诉讼请求，笔者以为有以下几个方面的原因：首先，允许当事人提起选择性诉讼请求有利于纠纷一次性彻底解决。当事人基于同一基础事实可以提起选择性诉讼请求，往往意味着案件事实契合于两个以上实体法律要件。根据旧诉讼标的理论，当事人不同的实体权利或法律关系构成不同的诉讼标的。如果禁止当事人选择性地提起诉讼请求，一旦当事人以此诉讼请求起诉遭致败诉，势必会以彼诉讼请求另行起诉，这不仅增加当事人讼累，同时也增加法院工作负担，还有可能导致就同一纠纷产生相互冲突的判决。根据新诉讼标的理论，当事人基于同一基础事实可以提起选择性诉讼请求的情况下，诉讼标的仍是同一的，如果禁止其选择性地提起诉讼请求，当事人即很可能因为最初选择诉讼请求不当而遭致败诉，并且此时受"一事不再理原则"限制，当事人不得另行起诉，从纠纷解决角度而言这显然削弱了民事诉讼的救济功能。允许当事人提起选择性诉讼请求，有利于克服新、旧诉讼标的理论固有的缺陷，有利于纠纷一次性彻底解决，无论是从诉讼功能发挥还是当事人权益保障等角度来看都是有益的。其次，选择性诉讼请求客观上不至于过分延误诉讼推进。当事人基于同一纠纷提起选择性诉讼请求，各诉讼请求依据的实体法规范可能不同，但其所依据的基础事实则必然是相同的。原告提起选择性诉讼请求，虽然导致被告必须针对不同的诉讼请求分别进行答辩，但由于纠纷本身的同一性，案件关键的事实点不会因诉讼请求不同而有悬殊差别，因此不同的诉讼请求也不至于给被告带来"突然的袭击"，不会延迟诉讼进程。相反，如果允许原告提起选择性诉讼请求，则可以在一次诉

---

① 参见杨建华等：《重叠（竞合）诉之合并与选择诉之合并》，载民事诉讼法研究基金会：《民事诉讼法之研讨（三）》，台湾三民书局1990年版，第266~267页。

讼中彻底解决当事人之间的纠纷，这更符合诉讼经济原则。最后，在当事人提起选择性诉讼请求的情况下，通过合理的程序设计可以避免法院在审理和裁判时面临的困境。当事人提起选择性诉讼请求是对诉讼请求确定原则的突破，因此其内涵必须有特别限定，其适用也必须是有条件的，其审理和裁判程序必然也不同于普通诉讼程序。对此，本书将在"合并诉讼请求及其处置"一章作具体探讨。①

---

① 在提起选择性诉讼请求的情况下必然会引起诉讼请求合并的问题，根据笔者理解，大陆法系民诉法学理论上通常所讲的"诉讼请求的选择合并"本质上应是"诉讼请求的预备合并"，这一点在"合并诉讼请求及其处置"一章会有详细阐述。

第三章 放弃及变更诉讼请求

我国现行民诉法第 51 条规定,① 原告可以放弃或者变更诉讼请求, 被告可以承认或反驳诉讼请求, 有权提起反诉。放弃或变更诉讼请求是原告的诉讼权利, 承认或反驳诉讼请求则是被告的诉讼权利, 无论是原告放弃或变更诉讼请求, 还是被告承认或反驳诉讼请求均会对诉讼进程产生重要影响。因此, 有必要对当事人放弃、变更以及承认、反驳诉讼请求予以关注, 变更、放弃及承认诉讼请求均非诉讼中的常态诉讼行为, 因此, 其在内涵、要件及后果等方面均有特殊性, 反驳诉讼请求虽为常态诉讼行为, 但其在内涵方面也有值得研究之处。本书第三、四两章以行为主体 (原告、被告) 为界分依据, 分别对放弃、变更诉讼请求及承认、反驳诉讼请求进行探析。

第一节 放弃诉讼请求

由于我国立法对放弃诉讼请求规定极为简略, 再加上学理上对于放弃诉讼请求关注甚少, 缺乏清晰认识, 因此诉讼实践中对放弃诉讼请求的处理也很不规范。本节拟对放弃诉讼请求的内涵及分类、放弃诉讼请求与撤诉的关系以及放弃诉讼请求的要件及其处理等问题作出探讨。

一、放弃诉讼请求的内涵及分类

(一) 放弃诉讼请求的内涵

放弃诉讼请求, 是指在民事诉讼中原告对自己所提起的诉讼请

---

① 1991 年通过的民诉法、2007 年修正的民诉法第 52 条。

求所作的部分或全部予以放弃的陈述。在大陆法系民事诉讼法学理论上，与放弃诉讼请求相对应的概念为"舍弃"，① 其有特定内容、要件以及后果。② 根据民诉法理，放弃诉讼请求可以做两个层面的理解：（1）就行为性质而言，其系单纯的诉讼行为，是原告对在诉讼中提起的作为审判客体的"权利主张"部分或全部放弃的陈述。（2）就行为效力而言，放弃诉讼请求是对纠纷所涉之实体权利或权益的处分，如果放弃部分诉讼请求，将导致原告就放弃部分承担败诉结果；如果放弃的系全部诉讼请求则将导致原告完全败诉，纠纷彻底解决，放弃诉讼请求的当事人也不得因同一纠纷再行起诉。该行为效力系依据诉讼法规定直接产生。③ 概而言之，放弃诉讼请求究其实质系对"诉讼上之请求权"的放弃，蕴含对诉讼标的处分之意。

（二）放弃诉讼请求的分类

国内有学者在研究放弃诉讼请求时对其作了不同分类，依据放弃范围，分为全部放弃诉讼请求和部分放弃诉讼请求；依发生审级和放弃内容不同，分为一审中的放弃诉讼请求和二审中的放弃上诉请求；依据放弃的是否系明确固有的实体权利，分为对实体权利的

---

① 白绿铉教授翻译日本民诉法典及法学著作时翻译为"放弃请求"，参见［日］兼子一、竹下守夫：《民事诉讼法》，白绿铉译，法律出版社1995年版，第138页；《日本新民事诉讼法》，白绿铉译，中国法制出版社2000年版，第98页。

② 参见［德］汉斯-约阿希姆·穆泽拉克：《德国民事诉讼法基础教程》，周翠译，中国政法大学出版社2005年版，第149页；王甲乙、杨建华、郑健才：《民事诉讼法新论》，台湾三民书局1998年版，第442页；陈计男：《民事诉讼法论（下）》，台湾三民书局2002年版，第7~8页，等等。国内有学者也指出，对原告放弃全部诉讼请求的，法院不能图便捷、简单，直接当做撤诉对待，否则无法解释法律为何要规定这两种不同的诉讼权利，理论上应对放弃诉讼请求的内涵、性质以及效力等问题做深入研究。参见张晋红：《民事之诉研究》，法律出版社1996年版，第268~279页。

③ 也有观点认为，放弃诉讼请求既非诉讼法上之法律行为，亦非私法上之法律行为，不以意思表示为要素。参见陈计男：《民事诉讼法论（下）》，台湾三民书局2002年版，第8页。

放弃和对盖然的实体利益的放弃；依据放弃原因不同，分为自认无理的放弃和处分性放弃。① 还有学者依据放弃方式，将放弃诉讼请求分为明示的放弃和默示的放弃。② 应该说，上述分类比较全面且富有创见，但其中有些观点亦值得商榷，因涉及对放弃诉讼请求内涵的理解，故在此略加辨析。

1. 关于能否"默示"放弃诉讼请求

放弃诉讼请求系当事人行使处分权的行为，涉及对当事人实体权利或权益的处分，在程序上将导致相关纠纷的解决，在实体上将导致当事人承担不利后果。因此，当事人实施该行为，应贯彻处分原则及直接言辞原则基本要求，不宜承认或允许"默示"放弃诉讼请求，我国现行民诉法及司法解释也未规定可通过默示方式放弃诉讼请求。从诉讼实践来看，放弃诉讼请求，原则上应由当事人在言辞辩论时通过言辞陈述表明，并明确放弃诉讼请求的范围，由书记员记入笔录；③ 作为例外，如果放弃诉讼请求的当事人在开庭之日未到庭，但其以书面方式向法庭提出放弃诉讼请求声明的，该书面声明可视为放弃诉讼请求的陈述，合议庭应将该声明告知对方当事人。

2. 关于"自认无理的放弃"和"对盖然的实体利益的放弃"

如上所述，放弃诉讼请求究其实质系对诉讼标的之处分，行使处分权的前提，一是诉讼标的可处分、可放弃，④ 二是当事人对诉

---

① 参见张晋红：《民事之诉研究》，法律出版社 1996 年版，第 268~271 页。

② 叶自强：《放弃请求制度的理论、释疑和立法建议》，载《环球法律评论》2007 年第 5 期。

③ 根据大陆法系民诉法理论，在审前准备程序、听证、调解时，当事人亦可向主持程序的法官为放弃诉讼请求的陈述，但该陈述如欲产生诉讼法上的效果，则必须在言词辩论之日以言辞向法庭陈述，并由书记员记载于笔录。参见王甲乙、杨建华、郑健才：《民事诉讼法新论》，台湾三民书局 1998 年版，第 443 页。

④ 比如，在身份关系诉讼中诉讼标的系亲权探望权的，则当事人不得为处分放弃；在继承开始之前，当事人亦不得通过诉讼放弃继承权。

讼标的有处分权、可支配。从诉讼实践来看，原告放弃诉讼请求，可能会有各种原因，有基于商业策略考虑，有基于诉讼策略考虑，不一而足。但就放弃诉讼请求这一特定术语及其特定内涵而言，不宜做"自认无理的放弃"和处分性放弃，以及对实体权利的放弃和"对盖然的实体利益的放弃"这样的分类。在当事人作出放弃诉讼请求陈述后，法院仅应审查诉讼成立要件及当事人适格与否，不再就争执的诉讼标的进行审理与调查，符合相关要件的，放弃诉讼请求行为有效，不符合相关要件的，放弃诉讼请求行为无效。

3. 关于"二审中放弃上诉请求"

我国现行民诉法第 51 条规定，原告可以放弃或者变更诉讼请求，被告可以承认或者反驳诉讼请求，有权提起反诉。该规定对承认和放弃诉讼请求的主体有专门限定，承认诉讼请求只能由被告作出，放弃诉讼请求则只能由原告作出。并且这里的放弃诉讼请求虽是诉讼行为，但依照诉讼法规定其会产生处分实体权利或实体权益的效力。

放弃上诉请求与原告放弃诉讼请求内容有本质不同。原审原告在二审和再审程序中都可以放弃诉讼请求，但其放弃内容不同于上诉人放弃上诉请求以及再审申请人放弃再审请求的内容。上诉请求虽然在表述上隶属于诉讼请求，但其与原告在起诉时所提起的代表诉讼标的核心内容的诉讼请求却不是同一层面的概念。上诉请求的关键是要求上诉法院撤销原判并在此基础上作出改判，与一审诉讼请求内容不同，其已不仅仅代表作为"案件最初争议法律关系"之诉讼标的，所涉及的亦已不是单纯的私人权利或权益，当事人对上诉请求已无完全权利作"承认"或"放弃"的处分。① 有鉴于

---

① 放弃上诉请求类似于撤回上诉，两者在效力上没有本质区别，既不必然导致上诉人败诉，也不表示纠纷必然解决。《适用民诉法司法解释》第337 条规定，在第二审程序中，当事人申请撤回上诉，人民法院经审查认为一审判决确有错误，或者当事人之间恶意串通损害国家利益、社会公共利益、他人合法权益的，不应准许。

此，笔者以为，如果仅仅对诉讼请求作一般分类，那么可以有一审诉讼请求和上诉请求之说，但就放弃诉讼请求这一特定术语而言，则不宜做一审中的放弃诉讼请求与二审中的放弃上诉请求这一分类。基于同样的理由，也不应存在承认上诉请求一说。

综上所述，本书认为，放弃诉讼请求依据放弃范围，可分为部分放弃诉讼请求①和全部放弃诉讼请求；依据是否有效，可分为有效的放弃诉讼请求和无效的放弃诉讼请求。

二、放弃诉讼请求与撤诉

关于放弃诉讼请求与撤诉之间的区别，国内有学者较早已做过较为全面的梳理，认为两者差别主要表现在，行为指向、行为目的、法律性质、审级限制以及法律后果等方面。② 即便如此，目前在诉讼实践中，对放弃诉讼请求的处理及其与撤诉之间的关系仍有相当模糊的认识。

问题之一，在通常诉讼程序中，当事人对撤诉与放弃诉讼请求区分不清，在诉讼中，既申请撤诉，又声明愿意放弃诉讼请求，法院对此不做辨析，亦未进行释明，而是直接按撤诉处理。③

问题之二，在因连带责任保证引起的类似必要共同诉讼中，④法院就权利人在诉讼中声明对某一义务人之一放弃诉讼请求不作辨

---

① 部分放弃诉讼请求可归类为变更诉讼请求情形之一。

② 参见张晋红：《民事之诉研究》，法律出版社 1996 年版，第 244～250 页。

③ 比如，在余某与某房地产开发公司、刘某等公司决议纠纷案中，原审原告余某在二审期间，既表示要放弃诉讼请求，又申请撤诉，二审法院直接按撤诉处理，并以相关当事人不同意余某撤诉为由，依据《适用民诉法司法解释》第 338 条规定未予准许。详细案情参见贵州省高级人民法院〔2016〕黔民终 10 号判决。

④ 因必要共同诉讼与类似必要共同诉讼情形如何区分有一定争议，限于议题，此处不赘述。本书将因借贷合同及连带责任保证合同纠纷引起的诉讼归为类似必要共同诉讼，将共同侵权纠纷引起的诉讼归为必要共同诉讼。共同侵权行为情形也很复杂，这里不展开论述。

析，并直接混同于撤诉处理，法院不做辨析或辨析不清。① 根据诉讼法理，（1）共同侵权纠纷引起的必要共同诉讼，同一赔偿权利人对多个侵权人提起诉讼，诉讼程序进行中，原告既不能对某一被告放弃诉讼请求，② 也不能对某一被告撤回起诉，因为就该必要共同诉讼，必须合并审理，诉讼标的必须合一确定。（2）连带责任保证引起的类似必要共同诉讼，同一债权人对主债务人及数个连带责任保证人提起诉讼，诉讼程序进行中，原告不得对某一保证人放弃诉讼请求，更不得对主债务人放弃诉讼请求，但可以对某一被告

---

① 比如，在陈某与某银行、某花木公司等借款合同纠纷案中，一审中庭审时债权人声明对主债务人放弃诉讼请求，一审据此判决连带责任保证人承担还款义务，二审及再审均支持了一审裁判。在该案中，法院未能就债权人对主债务人放弃诉讼请求的行为准确定性，将其混同于撤诉。一方面，认为债权人的行为消除了部分争议，法院不再对该部分诉请进行审理，另一方面却又认为该行为并不免除其他连带责任保证人的义务，也没有剥夺其他连带责任保证人的追偿权。案情参见福建省高级人民法院〔2018〕闽民申722号裁定。且不论该案真实背景及实体法上保证合同对主债务合同的依附性，仅从诉讼法理看，债权人对主债务人放弃诉讼请求即意味着，就该部分争议其应承担败诉后果，该部分争议已解决，其无权就该部分争议再提起诉讼、法院就该部分争议亦无须再审理。债权人与主债务人之间争议已解决且应承担败诉后果，此时要求连带责任保证人承担义务的依据何在？连带责任保证人追偿权的依据何在？均值得研究。

② 最高人民法院《关于审理人身损害赔偿案件适用法律若干问题的解释》（法释〔2003〕20号）第5条规定，赔偿权利人起诉部分共同侵权人的，人民法院应当追加其他共同侵权人作为共同被告。赔偿权利人在诉讼中放弃对部分共同侵权人的诉讼请求的，其他共同侵权人对被放弃诉讼请求的被告应当承担的赔偿份额不承担连带责任。责任范围难以确定的，推定各共同侵权人承担同等责任。人民法院应当将放弃诉讼请求的法律后果告知赔偿权利人，并将放弃诉讼请求的情况在法律文书中叙明。该规定系从实体法角度，否定共同侵权引起的必要共同诉讼中同一原告对某一被告放弃诉讼请求的做法；从诉讼法角度看，该规定仍然有欠缺和不足，依据诉讼法理，此类情形，同一原告对多个被告之一放弃诉讼请求，应认定为无效行为。

撤回起诉。①　就该类似必要共同诉讼，诉讼标的原则上亦应合一确定，作为例外，连带责任保证人可不要求必须全体同时作为当事人。对某一被告撤回起诉的，不免除其连带保证责任。

之所以出现上述问题，主要原因还在于国内学术界对放弃诉讼请求问题缺乏足够重视，同时立法对放弃诉讼请求规定过于简单，因此有必要对放弃诉讼请求的要件及其效力等进行深入分析。

三、放弃诉讼请求的要件

根据大陆法系民诉法理论并结合我国民诉法、司法解释规定及诉讼实践中的一些做法，对放弃诉讼请求的要件概述如下：

（一）须有诉讼行为能力及代理权之人为之

放弃诉讼请求，自须有诉讼行为能力之当事人为之，当事人无诉讼行为能力，则应由其法定代理人为之。诉讼代理人代为放弃诉讼请求必须有当事人的特别授权。②　在代表人诉讼中，被选定之代表人，未经代表人全体同意，不得为放弃诉讼请求。在普通共同诉讼中，各共同原告就自己之诉讼得为放弃诉讼请求，但在必要共同诉讼中，非经全体原告同意，个别原告所为之放弃诉讼请求不生诉讼法上的效果。

（二）放弃诉讼请求处分的应是当事人可自由处分的事项

放弃诉讼请求是处分原则的重要内容，作为处分对象的诉讼标的必须是当事人可以自由处分的事项。如果处分当事人不得自由处分的事项，当事人即便作出放弃诉讼请求的陈述，亦会被认作无效行为，法官仍要斟酌调查、辩论的全部情况来作出裁判。德、日以

---

①　在孔某与某房地产开发公司等民间借贷纠纷案中，原告一审中撤回对部分连带责任保证人的起诉，一审法院准许、二审法院支持，案情参见最高人民法院〔2014〕民一终字第 278 号判决；相似的案例还有邮政储蓄银行某县支行与程某、张某等借款合同纠纷案，案情参见山西省晋中市中级人民法院〔2017〕晋 07 民终 2221 号判决。

②　《适用民诉法司法解释》第 89 条规定，授权委托书仅写"全权代理"而无具体授权的，诉讼代理人无权代为承认、放弃、变更诉讼请求，进行和解，提出反诉或者提起上诉。

及我国台湾地区民诉法理论一般认为，在婚姻事件、亲子事件等适用人事诉讼程序审理的案件中，就涉及身份关系之诉讼标的，当事人不得为放弃诉讼请求。①

（三）放弃诉讼请求原则上必须在言辞辩论时以言辞陈述声明

就此前文已有阐述，此处不赘述。从适用审级来看，应允许当事人在一审、二审以及再审程序放弃诉讼请求。② 德国民事诉讼实务中，放弃诉讼请求可在任何审级为之，③ 我国台湾地区民事诉讼实务中，在第三审中不得为诉讼请求的承认或放弃，其理由是，承认或放弃诉讼请求只能在事实审法院为之，第三审为法律审，不得斟酌新诉讼资料，是故当事人不得为诉讼请求承认或放弃。④ 我国诉讼实践中，在符合相关条件前提下，对当事人在一审、二审⑤及再审⑥中放弃诉讼请求均持肯定态度。

（四）放弃诉讼请求不得附条件

放弃诉讼请求不得附条件，在诉讼实践中，所谓附条件放弃诉讼请求实质多是诉讼中的和解或调解行为，⑦ 而非放弃诉讼请求。

（五）放弃诉讼请求之诉讼须具备诉讼成立要件

放弃诉讼请求后，法院必须针对放弃诉讼请求作出本案判决，

---

① 亦有观点认为，就某些涉及身份关系之诉讼标的，当事人不得为承认诉讼请求，但可为放弃诉讼请求。参见［德］汉斯-约阿希姆·穆泽拉克：《德国民事诉讼法基础教程》，周翠译，中国政法大学出版社 2005 年版，第149 页。

② 张晋红：《民事之诉研究》，法律出版社 1996 年版，第 247 页。

③ 参见［德］奥特马·尧厄尼希：《民事诉讼法》，周翠译，法律出版社 2003 年版，第 249 页。

④ 参见王甲乙、杨建华、郑健才：《民事诉讼法新论》，台湾三民书局1998 年版，第 443 页。

⑤ 相关案例可参见山东省淄博市中级人民法院〔2013〕淄商终字第282 号判决、重庆市高级人民法院〔2017〕渝民终 193 号判决等。

⑥ 相关案例可参见新疆维吾尔自治区高级人民法院〔2015〕新审一民提字第 00015 号判决等。

⑦ 有裁判文书提到附条件放弃诉讼请求，实际仅系当事人关于调解意愿的陈述，参见辽宁省高级人民法院〔2017〕辽民再 661 号判决。

法院必须在该项诉讼具备诉讼成立要件时始得为本案判决。① 否则如果原告之诉欠缺诉讼成立要件，也即为不合法时，则法院仍应作出驳回诉讼之裁定，而不应针对放弃诉讼请求而为本案判决。

另外，鉴于我国特殊的国情及社会经济结构，放弃诉讼请求应不得损害国家利益、社会公共利益、被告及第三人合法权益。法院可基于对上述要件之审查，认定放弃诉讼请求有效或无效，但放弃诉讼请求无须经其他当事人同意。

四、放弃诉讼请求的效力

我国民诉法对原告放弃诉讼请求的效力及后果未作规定。依据大陆法系民诉法理，（1）原告作出放弃诉讼请求的陈述，法院无须就诉讼请求争执的法律关系进行审理，只需调查上述相关要件是否具备，从而判断放弃诉讼请求是否有效。（2）如果放弃诉讼请求有效，且当事人放弃全部诉讼请求，则法院应依据放弃诉讼请求直接作出当事人败诉之判决；若当事人仅放弃部分诉讼请求，则法院应就其他未放弃诉讼请求事项继续审理、裁判，并将部分放弃诉讼请求之陈述记载于裁判文书。（3）如果放弃诉讼请求被认定为无效，依德国民诉法之规定，② 法院可就放弃诉讼请求无效作出中间判决。

关于放弃诉讼请求之判决，德国、日本及我国台湾地区"民诉法"规定了相对简洁的制作方式，德国民诉法第 313 条之 2 规定，如果系认诺或舍弃判决，判决中应明确表明其为认诺或舍弃判决。判决可以简短的形式，记载于文卷中所存的诉状的原本或缮本，或者记载于与之连接的纸张之上。判决中可以不记法官的姓名。日本民诉法第 267 条规定，将和解或者放弃或承诺请求记载于

---

① 诉讼成立要件是指进行本案辩论和裁判所不可欠缺的事项，除当事人具有诉讼行为能力外，还包括纠纷属于法院主管与受诉法院管辖、当事人具有诉讼权利能力、有诉的利益、当事人适格、请求的事项非处于诉讼系属中、非为既决事项、不存在仲裁协议、缴纳了诉讼费等。

② ［德］汉斯-约阿希姆·穆泽拉克：《德国民事诉讼法基础教程》，周翠译，中国政法大学出版社 2005 年版，第 148 页。

笔录时，该记录具有与确定判决同等的效力。我国台湾地区"民诉法"第 384 条之 1（Ⅱ）规定，法院亦得于宣示舍弃或认诺判决时，命将判决主文所裁判之事项及理由要领，记载于言辞辩论笔录，不另作判决书。其笔录正本或节本之送达，与判决正本之送达，有同一之效力。

德国民诉法对放弃诉讼请求处理的规定与日本以及我国台湾地区又略有差别，德国民诉法第 306 条规定，原告在言辞辩论中舍弃他所提出的请求时，如被告申请驳回，即应根据舍弃而驳回原告的请求。① 根据该规定，即便在原告放弃诉讼请求情况下，法院也不能直接依职权判决驳回其诉讼请求，如欲判决驳回，必须要待被告提出申请方可为之。之所以作此规定，主要应基于以下几点考虑：（1）若原告放弃诉讼请求，被告不申请驳回原告诉讼请求，说明双方当事人都不想再继续实施诉讼，则无需再就纠纷做判决。②（2）它不仅考虑到处分原则的要求，同时亦考虑到诉讼权利平等原则的要求。具体而言，放弃诉讼请求虽然是原告行使处分权的行为，但在尊重这一处分权的同时亦应充分顾及对被告诉讼权利的保护；尽管在一般情况下基于放弃诉讼请求而作出原告败诉之判决对被告是有利的，但这并不能排除在某些情况下该项裁判之效力亦会产生不利于被告的可能性。规定放弃诉讼请求后，仍需被告申请才能作出驳回诉讼请求之判决，使原、被告双方具有了大致均衡的攻

---

① 1999 年修订的德国民诉法第 307 条第 1 款规定，当事人一方在言辞辩论中认诺对自己提出的请求的全部或一部，即应依申请按认诺的情况判决其败诉。亦即，在被告承认诉讼请求的情况下，法院也必须要根据原告的申请，才能作出被告败诉的判决。但后来的《民事诉讼改革法》对第 307 条第 1 款进行了修订，即现在在被告承认诉讼请求的情况下，不再要求原告提出特别申请，法院可直接判决被告败诉。参见《德意志联邦共和国民事诉讼法》，谢怀栻译，中国法制出版社 2001 年版，第 75 页；［德］汉斯-约阿希姆·穆泽拉克：《德国民事诉讼法基础教程》，周翠译，中国政法大学出版社 2005 年版，第 148 页。

② ［德］汉斯-约阿希姆·穆泽拉克：《德国民事诉讼法基础教程》，周翠译，中国政法大学出版社 2005 年版，第 150~151 页。

击防御手段，这正是诉讼权利平等原则的具体表现之一。① （3）放弃诉讼请求与承认诉讼请求不同。在承认诉讼请求的情况下，被告应诉答辩是其正常的义务，承认诉讼请求则是其对自身权利的自由处分，但在放弃诉讼请求的情况下，原告提起诉讼后如果决定放弃诉讼请求，这种行为客观上构成了对被告的"袭扰"，且会因此而浪费被告的人力、物力，财力，故规定法院必须依被告申请才能作出判决，是对原告行为的适当限制。

原告放弃诉讼请求后，如果被告拒绝申请法院作出驳回诉讼请求的判决，法院对案件又应如何处理呢？依据德国民诉法第251条之规定，此时法院可依当事人的申请或依职权裁定"诉讼程序休止"。法院可以从时间上限制程序休止的界限并随着期间的结束而结束休止，在法定事由出现时，经法院允许可恢复诉讼程序的进行。② 这类似于我国民诉法中的诉讼中止。

第二节　变更诉讼请求概述

当事人在诉讼中变更诉讼请求较为常见，我国现行民诉法第51条亦规定，③ 原告可以变更诉讼请求。但对于究竟何谓变更诉讼请求、何时可以变更诉讼请求、变更诉讼请求应符合哪些条件等问题，我国民诉法均未作具体规定。也正因为此，理论上对变更诉讼请求的认识模糊，诉讼实践中对相同或类似案件的处理亦不统一，所以有必要对变更诉讼请求相关问题进行深入探讨。

一、变更诉讼请求及相关概念辨析

（一）变更诉讼请求、诉讼标的之变更与诉之变更

何谓变更诉讼请求？何谓变更诉讼标的？它们与诉之变更之间

---

① 参见刘学在：《我国民事诉讼处分原则之检讨》，载《法学评论》2000 年第 6 期。

② 参见［德］汉斯-约阿希姆·穆泽拉克：《德国民事诉讼法基础教程》，周翠译，中国政法大学出版社 2005 年版，第 183 页。

③ 1991 年通过的民诉法、2007 年修正的民诉法第 52 条。

是什么关系？很多著作中对此有不同表述，实践中对这些问题的理解亦十分混乱，① 固有必要认真缕析。根据笔者掌握的资料，关于诉之变更，代表性的观点有：

有观点认为，诉之变更仅指诉讼请求变更，但不包括诉讼标的变更。"诉之变更包括诉之追加，是指诉讼请求（诉之声明）的变更或追加，而不是诉讼标的的变更或追加。其理由在于诉讼标的是诉讼的基础，诉讼标的的变更或追加就意味着原来的诉讼基础已不存在或发生变更。"②

也有观点认为，诉之变更包括诉讼标的之变更和诉讼请求变更。"原告于起诉后，提起新诉，以代替原有之诉者，谓之诉之变更。诉之要素为当事人、诉讼标的及诉之声明（即应受判决事项之声明）。若此三者，于诉讼进行中有一变更，即为诉之变更。"③

还有观点认为，诉之变更即为诉讼标的之变更。如，"诉的不同的根本在于诉讼标的的不同。只有存在两个以上的诉讼标的即诉之声明和事实理由都为多数，才有诉的合并与分离、变更和追加等问题。"④ "诉之变更系指，原告以新诉讼标的，代替原有诉讼标的之情形而言。"⑤ "诉之变更是指变更诉讼标的。因此这里关于概念和范围的争议正如关于诉讼标的的概念和范围的争议一样。如果诉讼标的通过申请和事实情况而确定，则在变更申请或者变更事实情况时就存在诉之变更了。如果诉讼标的仅依申请而确定，则仅申请

---

① 参见毕玉谦：《诉的变更之基本架构及对现行法的改造》，载《法学研究》2006 年第 2 期。

② 汤维建：《也论民事诉讼中的变更诉讼请求》，载《法律科学》1991年第 2 期。

③ 王甲乙、杨建华、郑健才：《民事诉讼法新论》，台湾三民书局 1998年版，第 302 页。

④ 江伟主编：《中国民事诉讼法专论》，中国政法大学出版社 1998 年版，第 66 页。

⑤ 陈荣宗：《民事程序法与诉讼标的理论》，台湾大学法学丛书编辑委员会编辑，1977 年版，第 400 页。

的变更也就变更了诉；事实情况的变更则无所谓。"① "诉之变更，是指在同一诉讼程序中，在不损害诉讼关系同一性之前提下进行的诉讼对象②（诉讼上请求）的变更。诉讼对象（诉讼上请求）是由请求的趣旨与原因而确定的，因而诉之变更就表现为请求趣旨的变更、请求原因的变更或者两者共同的变更（民诉法143条）。"③

依照通常认识，当事人是诉的主体，诉讼请求是当事人诉请法院裁判的对象，诉讼标的是当事人诉请法院审理的对象，因此，当事人、诉讼请求以及诉讼标的这三者中任一因素的变化均会引起诉之变更，我国台湾地区多数学者对诉之变更均采这样的界定。考虑到当事人变更在大陆法系民事诉讼法学理论中一般都被纳入诉讼主体论范畴而与诉之变更分列讨论，④ 故本书亦不作探讨。鉴此，诉讼请求变更与诉讼标的之变更均应属于诉之变更。但实际情况却又似非如此，上述德、日两国学者及我国部分学者均仅将诉之变更认作诉讼标的之变更。另外，在我国台湾地区，虽然法学著作将诉之变更界定为当事人、诉讼标的或诉讼请求之变更，但在识别是否发生诉之变更的场合，无论是实务上还是理论上又都仅将诉讼标的是否变更作为判断的标准。⑤ 为什么会出现这种情况呢？笔者以为，理论上之所以将诉之变更界定为诉讼标的之变更是与这些国家和地区的民事诉讼立法密切相关的。事实上，诉讼请求与诉讼标的之变更都可能引发诉之变更，但如果仅仅是诉讼请求变更，而诉讼标的未发生变更，则被认为是当然合法的诉之变更，"而为立法所准

---

① ［德］奥特马·尧厄尼希：《民事诉讼法》，周翠译，法律出版社2003年版，第223页。

② 这里的诉讼对象即指诉讼标的，参见［日］中村英郎：《新民事诉讼法讲义》，陈刚、林剑锋、郭美松译，法律出版社2001年版，第111页。

③ 参见［日］中村英郎：《新民事诉讼法讲义》，陈刚、林剑锋、郭美松译，法律出版社2001年版，第128、133页。

④ 参见相庆梅：《诉之变更制度研究》，西南政法大学2002届硕士学位论文。

⑤ 参见许士宦：《诉之变更、追加与阐明》，载《台大法学论丛2003年第3期。

许：'不视为诉之变更'，这即是说这是诉之变更，不过不受其合法性要件限制罢了"。① 或许"说其是'合法的诉之变更更为合适'"。② 德国民诉法及我国台湾地区"民诉法"均将纯粹的诉讼请求变更和诉讼标的变更作了区分，其中后者必须严格受诉之变更要件的限制，这一点下文将有论述。与德国和我国台湾地区相比，日本民诉法没有直接将纯粹的诉讼请求变更与诉讼标的变更进行区分，日本民诉法第143条规定，原告以不变更请求的基础为限，在口头辩论终结之前，可以变更请求或者请求的原因。"在诉讼标的理论众说纷纭的情况下，这样规定的灵活性是值得肯定的。"③但实务上，对诉讼标的变更引发的诉之变更与诉讼请求变更引发的诉之变更的限制尺度亦有不同。

综上所述，变更诉讼请求与变更诉讼标的均可引起诉之变更。但为体现对两者的不同限制，前者引发的诉之变更在大陆法系民诉法上通常不被视为诉之变更，无需受诉之变更合法性要件的限制；而一旦变更诉讼请求引发诉讼标的之变更，且最终导致诉之变更，这种情况将受到严格规制。

（二）变更诉讼请求与诉讼标的变更

诉讼标的是诉讼请求的基础，诉讼标的变更必然引起诉讼请求变更，但诉讼请求变更则未必引起诉讼标的的变更。

（三）变更诉讼请求与追加诉讼请求

"在德、日、奥等国，诉之变更包含诉的追加，不另将诉之变更与诉的追加相区分，因为在法律适用方面，两者并无差别。"④我国台湾地区"民诉法"将德国、日本法上交换的变更称之为诉

---

① ［德］狄特·克罗林庚：《德国民事诉讼法律与实务》，刘汉富译，法律出版社2000年版，第175页。

② ［德］奥特马·尧厄尼希：《民事诉讼法》，周翠译，法律出版社2003年版，第224页。

③ 杨书翔：《诉的变更制度比较研究》，载《河北法学》2003年第4期。

④ 江伟、邵明、陈刚：《民事诉权研究》，法律出版社2002年版，第292页。

之变更，而将追加的变更称之为诉之追加，但在适用条件上未作区分。我国现行民诉法及司法解释不仅从概念上对诉讼请求变更与追加作了区分，而且对两者的适用条件亦有不同限定。这种做法的意义值得研究，因为无论是替换变更，还是追加变更，只要未引起诉讼标的变化，两者对当事人诉讼权利以及诉讼程序推进的影响就没有实质差异，正因为此，德、日、奥等国的民事诉讼立法才未从该角度对诉讼请求变更进行区分。考虑到变更与追加在适用条件上应无差异，故本书的讨论采广义理解，即诉讼请求变更包括诉讼请求的替换变更及追加。

（四）变更诉讼请求与变更诉讼理由

诉讼理由是当事人提出诉和意在使诉讼请求得以成立的依据。有学者将诉讼理由变更与诉讼请求变更并列为诉之变更的两种类型。[1] 也有学者将诉讼理由变更与诉讼标的变更并列为诉之变更的两种类型。[2]

诉讼理由变更情形复杂，其变更有可能导致诉讼请求变更，也有可能导致诉讼标的变更，或者不能称之为诉之变更，而仅仅是补充或更正事实上或法律上的陈述而已。例如，在离婚诉讼中，原告先依据家庭暴力事实，后又提出被告与第三者有不正当关系，这两种陈述均为说明双方感情确已破裂，这种情况就属于事实上的变更陈述。再如，在确认所有权存在的诉讼中，原告先称因买卖关系取得所有权，后改称因继承取得所有权，这种情况则属于法律上的变更陈述。这两种诉讼理由变更均没有导致诉讼请求或诉讼标的变更。在形成之诉和确认之诉中如此，但在给付之诉中则不然，给付之诉中，如果原告依据实体上的不同权利，变更诉讼理由，则会引起诉讼标的之变更。例如，原告先提出损害赔偿之诉，理由是购买的产品质量不合格（依《中华人民共和国消费者权益保护法》），

---

[1]　参见柴发邦主编：《中国民事诉讼法学》，中国人民公安大学出版社1992年版，第285页。

[2]　参见谭兵主编：《中国民事诉讼法要论》，西南财经大学出版社1991年版，第210页。

后来基于违约的理由（依《中华人民共和国合同法》），提起违约之诉，诉讼标的显然发生了变化。还有些情况下，诉讼理由变更仅引起诉讼请求变更，例如，原告起诉请求被告交付买卖房屋，但在诉讼过程中，该房屋被烧毁，致使被告无法向原告交付，原告将交付请求变更为返还价款请求，就是适例。据此，诉讼理由变更与诉讼请求变更有重合之处，但两者并不完全相同。诉讼理由变更应依具体情形区分为诉讼请求变更、诉讼标的变更或者仅仅是事实上或法律上陈述的变更三种类别。[1]

二、变更诉讼请求的类型

就诉讼实践而言，当事人变更诉讼请求的常见类型有：

（一）诉讼请求之标的额发生变化，诉讼标的未变更

起诉时请求赔偿损失 10000 元，诉讼中改为要求赔偿 20000 元。此时，诉讼标的未变更，但诉讼请求发生了量的变化。这种单纯的诉讼请求之标的额数量上的增减主要有以下原因：一是基于案件受理费考虑，原告在起诉时少写某项诉讼请求争议金额，节省起诉时的预收费；二是因客观情况变化，致使当事人增加标的金额，如侵权案件，在诉讼进行中原告伤情加重，相应地增加损害赔偿数额；[2] 三是变更诉讼理由导致诉讼请求之标的金额发生变化。比如，"原告先要求被告按银行同期贷款利率赔偿损失，诉讼中改为要求按逾期付款金额日万分之五计算赔偿金；或者相反。这两种情形下诉讼请求在量上发生了变化，事实理由也发生了变化，但诉讼标的未变"。[3]

（二）诉讼请求事项增加，诉讼标的未变更

民事责任有多种承担方式，当事人对此有一定选择权，且选择

---

[1]　廖中洪、相庆梅：《当事人变更诉讼请求的法理思考》，载《西南政法大学学报》2000 年第 5 期。

[2]　参见廖中洪、相庆梅：《当事人变更诉讼请求的法理思考》，载《西南政法大学学报》2000 年第 5 期。

[3]　王国征：《论诉的变更》，载《中国人民大学学报》1999 年第 6 期。

之后亦可以变更。如"侵害名誉权案件中，起诉时原告提出要求被告停止侵害、赔礼道歉、消除影响三项诉讼请求。诉讼中，原告增加赔偿损失的诉讼请求。此种情形，诉讼请求事项发生了变化，但诉讼标的仍为单一，因而诉在质上未变，仍属于诉在量上的变更"。①

（三）诉讼请求与诉讼标的同时变更

原告先基于借贷关系诉请被告支付 10000 元，后改为基于租赁价金请求权请求被告支付 10000 元。形式上看，诉讼请求并没有变化，但引发争议的事实已完全不同，诉讼标的发生了变更，诉讼请求实际上也发生了替代变更。②

（四）诉讼请求变更，根据旧诉讼标的理论，诉讼标的已变更，但根据新诉讼标的理论，诉讼标的未变更

比较典型的例子有：（1）原告最初请求法院为确认某债权存在之判决，后变更请求就该债权为命给付判决；或原告最初提起将来给付之诉，后变更请求为现在给付之诉。此时诉讼请求发生了变更，根据旧诉讼标的理论，诉讼标的即发生了变更，构成诉之变更；但根据新诉讼标的理论，诉讼标的并未变更，这两种情况均只构成诉讼请求的扩张和限制。③（2）在被告持票据向原告借款之情形，原告先以票据债权为请求，后改以借款债权为请求。此时是否发生诉之变更理论上亦有纷争，"如系依旧诉讼标的理论之方式特定诉讼标的，且同时主张该二权利或嗣后变更、追加借款请求权，则乃构成诉之客观合并或变更、追加；如其系依新诉讼标的理论特定诉讼标的，不管其同时或先后变更、追加借款请求，均不构成诉之合并或变更、追加，仅属合并或更正、补充事实上及法律上

---

① 王国征：《论诉的变更》，载《中国人民大学学报》1999 年第 6 期。

② 参见［德］奥特马·尧厄尼希：《民事诉讼法》，周翠译，法律出版社 2003 年版，第 223 页。

③ 参见［德］奥特马·尧厄尼希：《民事诉讼法》，周翠译，法律出版社 2003 年版，第 224 页。

之陈述而已"。① （3） 原告先基于侵权行为所生之损害赔偿请求权为请求，待被告提起罹于时效之抗辩后，再改以不当得利所生之返还请求权为请求。此时是否构成诉之变更、追加理论上有相反的主张，我国台湾地区"最高法院"的判例认为，未发生诉之追加、变更，理由有二，"其一为，两权利主张之效果相同；其二为，两者所据之事实相同。从而，原告此项权利主张之追加或变更，仅构成法律上陈述之补充或更正而已"。持旧诉讼标的理论者则认为，判例系采新诉讼标的理论，难谓允当，"原告将原诉之损害赔偿请求权追加或变更为不当得利返还请求权，应为诉之变更或追加"。②

（五） 因情势变更引起当事人变更诉讼请求

"起诉时原告所请求者，为命被告交付某处房屋，该处房屋忽被烧毁，给付不能，改请求命被告赔偿损失。"此时诉讼请求虽发生变更，但属于因情事变更而以他项声明代最初之声明，根据德国民诉法和我国台湾地区"民诉法"规定，不视为诉之变更。③

三、变更诉讼请求的价值

在民事诉讼领域，集中审理主义是各国一致推崇的理想原则，集中审理主义要求，在诉讼程序审前阶段，须尽快确定诉讼标的与诉讼请求，并在此基础上确定事实之争执点和证据争执点，以便集中进行证据调查和言辞辩论。④ 为确保诉讼程序安定、集中与有序，保障被告的防御权及双方当事人公平进行攻击防御的地位，原告在诉讼之初即负有确定诉讼请求的义务。各国民诉法原则上对变

---

① 许士宦：《诉之变更、追加与阐明》，载《台大法学论丛》2003 年第 3 期。

② 许士宦：《诉之变更、追加与阐明》，载《台大法学论丛》2003 年第 3 期。

③ 参见王甲乙、杨建华、郑健才：《民事诉讼法新论》，台湾三民书局 1998 年版，第 302 页；［德］奥特马·尧厄尼希：《民事诉讼法》，周翠译，法律出版社 2003 年版，第 225 页。

④ 参见黄国昌等：《争点整理后之客观诉之变更追加——以"请求之基础事实同一"为中心》，载《法学丛刊》NO. 212。

更诉讼请求和诉之变更均采取限制性策略。

　　尽管限制是一般性原则，但变更诉讼请求在实践中仍不可避免。当事人在诉讼中变更诉讼请求，有时候系诉讼策略安排，但更多的却是由于主观认识的变化，或者由于案件事实的变化，或者由于情势变更等原因所致。对原告而言，其往往在起诉之后才发现有其他证据事实，或者发现诉状中所提出的诉讼请求无法最大化保障自身权益，诸如此类的原因导致其有必要变更诉讼请求，否则就不得不撤回诉讼而重新起诉或者进行另外的诉讼，这样对双方当事人及法院而言，均不符合诉讼经济原则。但对被告而言，其所期望的是诉讼自始安定，使其能就原告起诉的特定请求及提出的证据事实进行有针对性的研判防御，而不受原告任意摆布。就法院而言，其既要求诉讼迅速经济，又要求实现纠纷的彻底解决。因此在诉讼请求的变与不变之间涉及价值判断与利益衡量。① 从大陆法系观念发展来看，对变更诉讼请求总体上是从严格禁止走向有条件地限制，然后又从不断调整限制尺度发展到现今权衡利弊而予定夺的基本模式。② 这种权衡主要体现在两个方面：一是彻底解决纠纷与防止诉讼过分迟延之间的权衡；二是彻底解决纠纷与保障被告防御权之间的权衡。如何在这两组对立的利益之间作出调和，是立法者必须面对的现实问题。

第三节　变更诉讼请求的条件

　　变更诉讼请求与变更诉讼标的是两个紧密联系的概念，变更诉讼标的，诉讼请求必然变更；变更诉讼请求，诉讼标的有时候变更，有时候未必变更；变更诉讼请求与变更诉讼标的，均可引发诉之变更，但两者所受限制条件在大陆法系民诉法上有所区别。本节

---

　　① 参见陈荣宗、林庆苗：《民事诉讼法》，台湾三民书局1996年版，第358页。

　　② 参见毕玉谦：《诉的变更之基本架构及对现行法的改造》，载《法学研究》2006年第2期。

将基于对大陆法系代表性国家、地区相关立法规定的分析，对变更诉讼请求的条件进行探讨。

一、德、日以及我国台湾地区诉之变更条件概述①

（一）德国

"德国法为了保护被告的诉讼权利，防止由于原告不断变更诉的事实和理由而给被告行使抗辩或者反驳带来困难，普通法历来坚持采取禁止当事人进行诉之变更。但是作为例外规则，在取得被告同意的情况下允许原告进行诉之变更。此外，立法还采取一些变通方法，把原告所进行的更正或补充事实上或法律上的陈述、对请求事项或附带请求提出扩张或缩减的申请，以及要求用其他标的物或者利益取代先前请求的标的或者利益等行为，不看做是诉之变更。

---

①　"诉之变更这一概念和法律术语与大陆法系的成文法传统密不可分，相较而言，由于英美法系在审理前的阶段存在着完整而独立的诉答程序，使得诉之变更这一制度甚难在英美法系当中找到直接的对应物。""在大陆法系主要表现为当事人申请诉之变更，而在英美法系则主要表现为对诉答文书（如美国）或案情声明（如英国）的修改或补充。英美法系对诉答文书进行修改和补充的基本理念是，诉答文书应当准确地使各方当事人获悉对方的诉讼请求并且其中所呈现的弹性应当足以保障每一个讼案获得实质性的正义。只要为公正所需要，就应当不加阻挠地允许对诉答文书进行修改，也就是说，在任何时候所作出的修改，只要将使诉答文书更加准确或者更为完备，并且相对当事人并不因此而遭受实质性的歧视时，就应当予以准许。""根据美国联邦民事诉讼规则第 15 条第 1 款的规定，在接到对方应答诉状前，当事人有权对其诉状进行修改。在其他情况下，当事人则只有经过法院准许或者一方当事人书面同意时才可以修改其诉答文书。但如符合正义的需要，则不受限制随时予以准许。""根据英国民事诉讼规则第 17.4（2）条的规定，即使对案情声明（statements of case）的修改将产生追加或者变更新的诉讼请求的法律后果，法院也可准许，但应符合如下条件，即追加或变更有关诉讼请求的事实，须与在该诉讼中当事人主张救济、请求修改的诉讼请求所依据的事实相同或者基本相同。"详见毕玉谦：《诉的变更之基本架构及对现行法的改造》，载《法学研究》2006 年第 2 期。

这等于在事实上承认当事人进行诉之变更。"① 1898年修正后的德国民诉法第264条规定："诉之变更仅于被告同意时，或法院认为不致对被告之防御造成本质上困难时，始得为之。"该规定打开了诉之变更的缺口。德国1933年修正民诉法时，更是承认即使在第二审，如经法院认为适当时，当事人亦可为诉之变更。1977年修正的民诉法中，诉之变更要件没有变动。1999年修正后的德国民诉法对诉之变更要件作了一定限缩，该法第263条规定："诉讼系属发生后，在被告同意或法院认为有助于诉讼时，准许为诉之变更。"第264条规定："如果不变更诉的原因，下列各种行为不视为诉之变更：（1）补充或更正事实上或法律上的陈述；（2）扩张或限制关于本案或附带请求的诉讼申请；（3）因事后发生的情事变更而请求其他诉讼标的或利益，以代替原来所请求的诉讼标的。"第267条规定："被告对诉之变更，不表示异议而就变更后之诉进行言辞辩论者，视为同意诉之变更。"

（二）日本

在日本，其1890年制定的民诉法系移植德国1877年民诉法，采取诉之变更禁止原则，在第一审程序中，原告必须征得被告同意始得为诉之变更，在第二审程序中，则绝对不许为诉之变更。但其后受德国、奥地利立法转向容许诉之变更的影响，1926年修正民诉法后，日本亦改采容许诉之变更原则，仅以不变更请求之基础及不延滞诉讼为限制。该法"在第一审规定为，原告以不变更请求之基础为限，得于言词辩论终结前，变更请求或请求之原因。但因此致诉讼程序显著延滞者，不在此限；在第二审则规定为，准用第一审之上开规定"。② 这些规定在1996年修正民诉法时并未废弃，为新民事诉讼法所继受。该法第143条规定："原告以不变更请求

---

①　胡华军、张书华：《二审中当事人能否变更一审诉讼理由和请求》，载黄松有主编：《中国民事审判前沿（第2集）》，法律出版社2005年版，第33页。

②　许士宦：《诉之变更、追加与阐明》，载《台大法学论丛》2003年第3期。

的基础为限，在口头辩论终结之前，可以变更请求或者请求的原因。但是，由此而使诉讼程序显著拖延的，则不在此限。变更请求，应以书状进行。本条前款的书状，应向对方当事人送达。法院认为变更请求或请求的原因不当时，根据申请或依职权，应作出不准变更的裁定。"

（三）我国台湾地区

在我国台湾地区，1930 年制定的"民诉法"，原则上禁止诉之变更追加，仅在被告同意或者不甚妨碍被告之防御及诉讼之终结者，始许原告将原诉变更或追加他诉。与德国法相似，该"法"第 246 条直接列举了一定情形明示其非为诉之变更、追加，从而变相承认了诉之变更。其后，"'民诉法'迄至 2000 年修正前，关于第一审诉之变更、追加要件，除将禁止诉之变更、追加之时点从诉讼系属后放宽至诉状送达以外，其他并未予更改；但关于第二审诉之变更、追加则逐渐扩大其允许之范围。"① 该"法"第 255 条规定："Ⅰ诉状送达后，原告不得将原诉变更或追加他诉。但有下列各款情形之一者，不在此限：（1）被告同意者。（2）请求之基础事实同一者。（3）扩张或减缩应受判决事项之声明者。（4）因情势变更而以他项声明代最初之声明者。（5）该诉讼标的对于数人必须合一确定时，追加其原非当事人之人为当事人者。（6）诉讼进行中，于某法律关系之成立与否有争执，而其裁判应以该法律关系为据，并求对于被告确定其法律关系之判决者。（7）不甚碍被告之防御及诉讼之终结者。Ⅱ被告于诉之变更或追加无异议，而为本案之言辞辩论者，视为同意变更或追加。"第 256 条规定："不变更诉讼标的，而补充或更正事实上或法律上之陈述者，非为诉之变更或追加。"

以上简要介绍了德、日两国民诉法以及我国台湾地区"民诉法"对诉之变更进行规范的变迁，概而言之，德、日两国和我国台湾地区有关诉之变更的规定主要有以下特点：

---

① 许士宦：《诉之变更、追加与阐明》，载《台大法学论丛》2003 年第 3 期。

第一，是否准许为诉之变更的标准有一定弹性。如德国现行民诉法第263条规定，诉讼系属发生后，在法院认为有助于诉讼时，即准许为诉之变更。日本新民诉法第143条第1款规定，原告以不变更请求的基础为限，在口头辩论终结之前，可以变更请求或者请求的原因。第4款规定，法院认为变更请求或请求的原因不当时，根据申请或依职权，应作出不准变更的裁定。我国台湾地区现行"民诉法"第255条Ⅰ规定，诉状送达后，原告不得将原诉变更或追加他诉。但有下列各款情形之一者不在此限：……（2）请求之基础事实同一者。在这些规定当中，"法院认为有助于诉讼"、"原告以不变更请求的基础为限"，"请求之基础事实同一者"等在实践中具体应如何理解均有一定弹性，学理上如何解释这些规定也有一定争议。① 立法之所以保留这些弹性条款，主要是因实践中变更诉讼请求情形复杂，赋予法官一定的自由裁量权有助于其根据具体案情进行恰当权衡，从而尽量发挥诉讼制度纠纷解决之功能。

第二，对不同情形的诉讼请求变更作了区分。如德国现行民诉法第264条明确规定："如果不变更诉的原因，下列各种行为不视为诉之变更：……"我国台湾地区现行"民诉法"第255条Ⅰ规定："诉状送达后，原告不得将原诉变更或追加他诉。但有下列各款情形之一者不在此限：……（2）请求之基础事实同一者。（3）扩张或减缩应受判决事项之声明者。（4）因情事变更而以他项声明代最初之声明者。……"第256条规定："不变更诉讼标的，而补充或更正事实上或法律上之陈述者，非为诉之变更或追加。"根据这些规定，如果当事人仅仅是补充或更正事实上或法律上的陈述，扩张或缩减关于本案或附带请求的诉讼申请，不涉及诉讼标的变更，则不视为诉之变更，无需受诉之变更要件限制。同时，即便诉讼请求之变更牵涉到诉讼标的的变更，但如果这种变更是因情势变更而引起的，则亦无须受诉之变更要件的限制。这种区分意义在于，不同类型诉讼请求变更对诉讼程序的推进以及对方当事人权利

---

① 参见许士宦：《诉之变更、追加与阐明》，载《台大法学论丛》2003年第3期。

的影响程度不同，如果仅仅是诉讼请求的扩张、缩减，或者仅是当事人补充或更正事实上或法律上的陈述，而不涉及诉讼标的之变更，则在先诉讼资料仍可作为后续诉讼的基础，不会给对方防御以及程序推进造成明显障碍，因此法律上对其限制应较小。如果诉讼请求变更引发诉讼标的变更，则在先诉讼资料利用价值相对会较弱，对程序推进以及对方防御会造成较大不便，法律对此类变更限制即应该严格。至于因情势变更而引发诉讼请求变更的情况，如果不允许当事人为诉讼请求变更，或者对其限定严苛的要件，显然不利于当事人正当权益的保护。

　　第三，允许当事人在二审进行诉之变更。德国现行民诉法第523 条规定："除本章另有规定外，其他控诉程序，准用关于第一审的州法院的诉讼程序的规定。"因此，第二审诉之变更也准用第一审的规则。日本新民诉法第 297 条则规定："本法前编第一章至第六章的规定，除另有规定外，准用于控诉审的程序。但是，本法第 269 条的规定，则不在此限。"根据这一规定，控诉审程序中诉之变更准用第一审程序的规定。我国台湾地区"民诉法"第 446条 I 规定："诉之变更或追加，非经他造同意，不得为之。但第255 条第 I 项第（2）款至第（6）款情形，不在此限。"该规定位于第二审程序部分，是对二审诉之变更的肯定。对诉之变更容许与否牵涉到三重因素，即原告的利益、被告的利益以及法院的利益或说公共资源的利用。因为诉讼具有动态性，原告就事实关系之认识渐次深化，伴随着这种变化，诉讼请求之变更成为必要，于原告有利益。被告因诉之变更而增加或变更防御对象，有时引起防御困难，不免增加负担，故无限制的变化会给被告带来不利益。就法院而言，将有关联的事件依诉之变更尽可能予以彻底解决，有利于诉讼程序的集中、诉讼效率的提升，避免裁判结果歧异。权衡这三方的利益应有通盘方案及机制，如果将诉讼请求变更限制于某一时间点则难以适应这一要求。在诉讼进程当中，如果一方当事人要求变更诉讼请求，只要对方同意，或者这种变更有助于纠纷彻底解决，不会显著延迟诉讼，法院就应当允许这种变更。"惟就实际上诉之变更、追加之时期来看，即使在日本亦有论者认为，其愈在程序后阶段为之，重点应该越由利益主张之关联性移到诉讼资料之继续性，而且，如考虑到审理之进行度，法官之心证亦有影响之可能性。"① 所以说，限制诉之变更、保证诉之变更的适切性，关键不在时点，而在于诉之变更对"诉讼资料继续性"的影响，正因如此，德、日等国以及我国台湾地区均允许二审当中存在诉之变更。

关于诉之变更，德、日民诉法以及我国台湾地区的"民诉法"尚有其他一些具体要求，如，新诉须非专属其他法院管辖，新诉须与原诉得行同种之诉讼程序等，这些规定都是针对诉之变更而设定的更为严格的条件。② 对该等内容，下文将有述及。

二、对我国变更诉讼请求规则的评析

"与其他大陆法系国家及原苏联相比，我国有关诉之变更的规定相对简单、明确。我国法律只规定了诉讼请求变更或增加的规定，而没有规定诉讼标的、请求基础、请求原因这些抽象概念，在适用法律时容易被法官、当事人所接受。"③ 但也正是因为过于简略，我国立法及司法解释关于诉之变更的规定存在下列问题：

第一，变更诉讼请求条件阙如。现行民诉法及司法解释对当事人变更诉讼请求的条件未作任何规定，"使得实务界在遇到有关情形时既无从获得判定的根据，又缺乏适用的标准"。④

第二，对不同情形的诉讼请求变更未作有效区分。不同情形诉讼请求变更对诉讼标的有不同影响，有时诉讼请求变更，诉讼标的并未变化；有时诉讼请求变更则引起了诉讼标的的变更。就不同情形应作不同的条件限制，但我国民诉立法及司法解释却未加区分。

---

① 许士宦：《诉之变更、追加与阐明》，载《台大法学论丛》2003年第3期。
② 参见吴明轩：《民事诉讼法》，台湾五南图书出版公司1983年版，第170页。
③ 杨书翔：《诉的变更制度比较研究》，载《河北法学》2003年第4期。
④ 毕玉谦：《诉的变更之基本架构及对现行法的改造》，载《法学研究》2006年第2期。

第三，变更诉讼请求的期限模糊，且以时点、期限限制当事人变更诉讼请求缺乏合理性、实效性。实践当中，出于各种原因，当事人有的在庭审前变更诉讼请求，有的在庭审时变更诉讼请求，有的在二审时变更诉讼请求，有的甚至在再审时变更诉讼请求。对于这些情况应如何处理？我国现行民诉法及司法解释规定并不明确。

我国民诉法第51条规定：① "原告可以放弃或者变更诉讼请求。被告可以承认或者反驳诉讼请求，有权提起反诉。"该规定位于总则编之当事人一章，是对当事人诉讼权利的规定，从中看不出对诉讼请求变更的期限要求。我国现行民诉法第140条规定："原告增加诉讼请求，被告提出反诉，第三人提出与本案有关的诉讼请求，可以合并审理。"该规定位于第一审普通程序一章，根据体系解释，应适用于第一审普通程序，但具体在什么时间段适用亦不明确。

《适用民诉法解释》第232条规定：② "在案件受理后，法庭辩论结束前，原告增加诉讼请求、被告提出反诉，第三人提出与本案有关的诉讼请求，可以合并审理的，人民法院应当合并审理。"根据该规定，原告在案件受理后，法庭辩论前可以增加诉讼请求。《最高人民法院关于适用〈中华人民共和国合同法〉若干问题的解释（一）》③ 第30条规定："债权人依照合同法第122条的规定向人民法院起诉时作出选择后，在一审开庭以前又变更诉讼请求的，人民法院应当准许。对方当事人提出管辖权异议，经审查异议成立的，人民法院应当驳回起诉。"该条规定，当事人可以在一审开庭以前变更诉讼请求。《证据规定（2019年）》第53条第2款规定，当事人根据法庭审理情况变更诉讼请求的，人民法院应当准许并可以根据案件的具体情况重新指定举证期限。第55条第（4）项规定，当事人增加、变更诉讼请求或者提出反诉的，人民法院应当根据案件具体情况重新确定举证期限。很显然，《证据规定

---

① 1991年通过的民诉法、2007年修正的民诉法第52条。

② 与《适用民诉法意见》第156条规定内容相同。

③ 法释〔1999〕19号。

（2019 年）》与民诉法及上述两个司法解释的规定并不完全一致，根据《证据规定（2019 年）第 53 条第 2 款规定精神，当事人甚至在法庭审理之后亦可根据法庭审理情况变更诉讼请求。

《适用民诉法解释》第 328 条规定，在第二审程序中，原审原告增加独立的诉讼请求或者原审被告提出反诉的，第二审人民法院可以根据当事人自愿的原则就新增加的诉讼请求或者反诉进行调解；调解不成的，告知当事人另行起诉。双方当事人同意由第二审人民法院一并审理的，第二审人民法院可以一并裁判。从该条规定看，二审当中当事人不得增加"独立的诉讼请求"，① 除非双方当事人同意以调解方式结案或者同意由二审法院一并审理。至于能否在二审程序中变更诉讼请求，从该解释当中无法直接得出答案。

对照大陆法系其他国家和地区相关规定，笔者以为，我国民诉法及司法解释规范诉讼请求变更的总体思路有待调整。我国现行民诉法对诉讼请求变更没有任何条件限定，"各该规定，对于诉之变更或追加，均未设任何限制。如此规定，对于原告固甚便利，对于被告未免失之太苛，仍以在适当之限度内酌加限制为宜"。② 或许正因为民诉法在诉讼请求变更条件规定上的缺失，才使得司法解释有必要从时限角度对诉讼请求变更进行限定。但这种限定既缺乏合理性也缺乏实效性，无论是将诉讼请求变更期限限定于一审开庭审理之前还是举证期限届满之前，都将使诉讼请求变更失去存在的意义。"两大法系均不能够回避的一个基本规律是，由当事人之间的诉讼请求与诉讼抗辩所共同确立的审判对象随着诉讼的推进，有时难免发生异变，由此，在客观上就需要对于这种审判对象重新加以确立与整合。两大法系对此均以当事人主动提出动议为前提条件。在大陆法系主要表现为当事人申请诉之变更，而在英美法系则主要

---

① 这里增加"独立的诉讼请求"应如何界定，其与变更诉讼请求之间是什么关系？值得深入研究，可阐释的空间也较大，从广义上讲，其应属于变更诉讼请求的情形之一。

② 杨建华主编：《海峡两岸民事程序法论》，台湾月旦出版社股份有限公司 1997 年版，第 248 页。

表现为对诉答文书（如美国）或案情声明（如英国）的修改或补充。"① 当事人在案件尚未开庭之前，很难甚或根本都不会考虑到诉讼请求变更的问题，只有在诉讼发展到一定阶段后，才会意识到可能需要对诉讼请求进行变更。或者即便在一审开庭审理之前或者举证期限届满之前变更了诉讼请求，但在其后因为各种原因当事人发现仍然需要变更诉讼请求。如果立法对此作决然禁止性规定，就当事人而言，不利于保护其程序利益及实体权益；就法院而言，亦不利于诉讼程序的有效利用及纠纷的一次性彻底解决。可以说，对诉讼请求变更的规范关键不在于时限，而是应该对变更诉讼请求的不同情形进行区分，并针对不同情形分别作出条件上的限制。

三、一审程序中变更诉讼请求的条件

在起诉状送达被告之前，原告可以自由变更诉讼请求，不受特定条件限制。但在起诉状送达被告之后，为保障被告的防御权以及诉讼程序顺利推进，立法需要对变更诉讼请求的条件作出限制。借鉴大陆法系立法例并遵循诉讼法理，笔者以为，一审程序中变更诉讼请求的条件可分为实质条件和形式条件，实质条件只要符合其中之一即可，形式条件则必须全部符合，方可为诉讼请求之变更。

（一）实质条件

1. 被告同意

法律限制原告在诉讼中任意变更诉讼请求的重要原因之一是为保障被告的防御权。在起诉时原告于起诉状中所确认的诉讼理由、诉讼请求已作为原告基本的诉讼立场提交法院并通过法院向被告进行送达，以便被告形成防御、进行抗辩，使因原告之诉而展开的审判程序具有可预测性和安定性。② 但如果在诉讼中，被告同意原告变更诉讼请求，则自无强行禁止之必要。被告同意，以言词或书面

---

① 毕玉谦：《诉的变更之基本架构及对现行法的改造》，载《法学研究》2006 年第 2 期。

② 参见毕玉谦：《诉的变更之基本架构及对现行法的改造》，载《法学研究》2006 年第 2 期。

方式表示均无不可。并且被告同意原告变更诉讼请求适用有关推定的规则，如果原告变更诉讼请求，被告未作异议而针对变更后的诉讼请求为本案之言辞辩论，不问其是否有同意之明确表示，均应视为其同意原告变更诉讼请求。

2. 仅变更诉讼请求标的额或增减诉讼请求事项

在仅变更诉讼请求标的额或增减诉讼请求事项的情况下，并不发生诉讼标的的变更。诉讼请求标的金额的变更，如原来请求被告赔偿损失 1 万元人民币，后来变更为请求赔偿损失 2 万元人民币，或者原来请求赔偿损失 2 万元人民币，后来变更为请求赔偿损失 1 万元人民币。诉讼请求事项的变更，如原来请求赔礼道歉，后来增加赔偿损失一项，或者起诉时请求为确认买卖关系存在，后来扩张请求给付价金。原告如果仅变更诉讼请求标的额或者仅增减诉讼请求事项的，对被告之防御及诉讼之终结，通常没有影响，故应允许其任意为之。①

3. 因情势变更而变更诉讼请求

如果情势变更使得原告坚持原来的诉讼请求难以达到预期的诉讼目的，则法律应当允许其为诉讼请求之变更。例如，原告起诉时请求被告交付某处房屋，后该处房屋被烧毁，现给付不能，改而请求被告损害赔偿；或者，原告起诉时请求被告给付某物，在诉讼系属中，该物被法律禁止交易，成为禁止流通物，从而改为请求被告给付金钱；或者，第三人依法提起执行异议之诉时，执行程序尚未终结，而在诉讼进行中，执行程序终结，改而请求赔偿损失，等等。诸如此类，如果不允许原告变更诉讼请求，则不仅不利于纠纷一次性解决，而且会对原告造成实质性不公平。至于情势变更发生于起诉前还是起诉后则在所不问。②

①　参见王甲乙、杨建华、郑健才：《民事诉讼法新论》，台湾三民书局1998 年版，第 306 页。

②　参见王甲乙、杨建华、郑健才：《民事诉讼法新论》，台湾三民书局1998 年版，第 306 页。

4. 诉讼请求基础相同

"请求基础"被认为是日本民诉法上独有的概念,"是指把请求还原或扩张到根据请求原因构成为一定权利主张前的状态之后,作为其基础的实质性利益的纠纷。"① 日本民诉法第 143 条第 1 款规定,原告以不变更请求的基础为限,在口头辩论终结之前,可以变更请求或者请求的原因。但是,由此而使诉讼程序显著拖延的,则不在此限。我国台湾地区 1999 年修订的"民诉法"借鉴日本民诉法上的这一概念,该"法"第 255 条规定,请求之基础事实同一者,原告在诉状送达被告之后可为诉之变更。其"立法"理由是,"请求之基础事实同一之情形,乃新、旧两请求有共通之争执点,有关旧请求之诉讼资料或证据资料于新请求亦可援用,其有关之争执,于同一诉讼程序内予以解决,可避免重新起诉、重复审理而达统一解决纷争之目的,从而在此情形,允许为诉之变更、追加,应符诉讼经济之原则"。② 将请求基础相同列为变更诉讼请求的条件之一,其优势就在于"具有调和新旧诉讼标的理论之作用"。③ 以本章第二节变更诉讼请求之分类的第(4)类情形为例,在原先的情况下,是否允许变更诉讼请求依据新、旧诉讼标的理论会有不同结论,但增列请求基础相同为变更诉讼请求的条件之后,这种情况便可纳入"请求基础"相同的情形,从而得为请求之变更。需要说明的是,我国台湾地区"民诉法"只强调了"基础事实同一"要求,但没有就此限定"变更诉讼请求不至于使诉讼程序显著迟延"这一要求。事实上,即便变更后的诉讼请求与变更前的诉讼请求基础事实相同,亦有可能会带来诉讼迟延。"于适当情形,请求之基础事实同一,固不甚妨碍被告之防御及诉讼之终

---

① [日] 兼子一、竹下守夫:《民事诉讼法》,白绿铉译,法律出版社 1995 年版,第 183 页。
② 许士宦:《诉之变更、追加与阐明》,载《台大法学论丛》2003 年第 3 期。
③ 许士宦:《诉之变更、追加与阐明》,载《台大法学论丛》2003 年第 3 期。

结，但亦有未尽然者。例如，基于同一事实所生之损害赔偿请求权及不当得利请求权，请求之要件及举证责任均有不同，亦会妨碍被告之防御，且于何种情形为不甚碍被告之防御及诉讼之终结，往往因法官之主观认定不同而有相异之结果，故明定请求之基础事实同一者允许为变更，可使法官审理时少一些犹豫。"① 很显然，较之于日本民诉法的规定，我国台湾地区"民诉法"在"纠纷一次性解决"与"诉讼程序顺利推进"两价值之间更倾向于前者。

（二）形式条件

1. 变更诉讼请求所涉及的新请求不应属于其他法院专属管辖

专属管辖规定是立法者基于公益上的考虑所设置，当事人不得协商变更专属管辖的法院，如果变更后新的诉讼请求专属于其他法院管辖，则即便被告同意也不得任意变更。但如果变更后新的诉讼请求并非专属于其他法院管辖的，只要变更符合上述实质要件，则不论受诉法院对新诉讼请求有无管辖权均得予以审判。

2. 变更诉讼请求不能违反适用诉讼程序的同一性

基于公益上的考虑，立法者通常会规定某类诉讼不得与其他类别的诉讼适用同一诉讼程序，故从原则上讲，新旧诉讼请求必须能够适用于同一种类的诉讼程序才具有合法性。如果原来的诉讼请求适用一般程序，新诉讼请求适用特别程序，或者原来的诉讼请求适用特别程序，新诉讼请求适用普通程序，则此类情形的变更诉讼请求均在禁止之列。但普通程序与简易程序同属一般程序范畴，在适用普通程序审理案件时，原告变更后的诉讼请求如果应适用简易程序，则原诉讼请求及新诉讼请求均应适用普通程序审理；在适用简易程序审理案件时，当原告变更后的诉讼请求应适用普通程序审理时，除经当事人达成合意外，不得适用简易程序。②

---

① 许士宦：《诉之变更、追加与阐明》，载《台大法学论丛》2003年第3期。

② 参见毕玉谦：《诉的变更之基本架构及对现行法的改造》，载《法学研究》2006年第2期。

四、二审程序中能否变更诉讼请求

（一）我国诉讼实践对待二审程序中变更诉讼请求的态度

我国民诉法对当事人在二审程序中能否变更诉讼请求没有明确规定。《适用民诉法司法解释》第 328 条规定，在第二审程序中，原审原告增加独立的诉讼请求或者原审被告提出反诉的，第二审人民法院可以根据当事人自愿的原则就新增加的诉讼请求或者反诉进行调解；调解不成的，告知当事人另行起诉。双方当事人同意由第二审人民法院一并审理的，第二审人民法院可以一并裁判。① 从第 328 条的规定看，二审当中当事人原则上不得增加"独立的诉讼请求"，除非双方当事人以调解方式结案或者同意由第二审人民法院一并审理的。有观点认为，"当事人上诉可以改变一审所持的诉讼理由，但不得改变一审所提出的诉讼请求。审判实践中要严格区分上诉时，当事人变更的是一审的诉讼请求，还是一审的诉讼理由。当事人可以放弃一审的部分诉讼请求，但不得改变一审的诉讼请求"。②

（二）本书的观点

就《适用民诉法司法解释》第 328 条包括《适用民诉法意见》第 184 条之规定，理论上少有深入探讨，更少有观点对其质疑。与前引胡华军等观点类似，诉讼实践中一般都认为二审中变更诉讼请求会损害当事人审级利益，因此应予禁止。这种认识似乎有一定道理，但如果仔细分析、推敲，其合理性颇值得研究：

首先，在目前审级制度下所谓的"审级利益"具有相对性。

---

① 已废止的《适用民诉法意见》第 184 条规定，在第二审程序中，原审原告增加独立的诉讼请求或原审被告提出反诉的，第二审人民法院可以根据当事人自愿的原则就新增加的诉讼请求或反诉进行调解，调解不成的，告知当事人另行起诉。

② 胡华军、张书华：《二审中当事人能否变更一审诉讼理由和请求》，载黄松有主编：《中国民事审判前沿（第 2 集）》，法律出版社 2005 年版，第 43 页。

大陆法系主要国家包括我国二审法院审理案件既是事实审也是法律审，二审法院既可以改变一审法院所适用的法律，也可以改变一审法院所认定的事实并在此基础上对案件直接进行改判。在二审法院直接改变一审法院所认定的事实并对案件进行改判的情况下，二审法院的审理功能与一审法院的审理功能没有实质区别，对当事人来讲，二审程序仅为第一审程序之"续行"，在二审程序中当事人无法获得区别于一审程序的所谓"审级利益"。进一步说，当事人在二审程序中变更诉讼请求与二审法院直接改变一审法院所认定事实的行为在性质上相同，都是在"诉讼资料及审理对象"这一层面的操作，① 承认当事人在二审程序中可以有条件地出示新证据、二审法院拥有事实改判权，却否认当事人一定条件下变更诉讼请求的权利，这实际上是个悖论。

其次，即便考虑所谓"审级利益"，在对方当事人同意的情形，"他造既已同意，审级利益自不必违反于当事人之意思而予维持"。②

再次，如果仅仅是变更诉讼请求，诉讼标的未作变化的话，对于特定诉讼标的而言，当事人的审级利益并未受到损害。即便对方当事人没有同意，但如果诉讼请求之变更仅仅是应受判决事项声明之扩张或缩减，或者是因为情势变更而引发的不得已的变更，或者虽然变更诉讼请求，但其基础事实并未变化，德国、日本及我国台湾地区均予允许。究其原因仍然是基于利益衡量，因为在此类情况下诉讼标的本身并没有变化，诉讼请求虽然变更，但基础诉讼资料及证据资料并未变化，不会导致诉讼突袭，也不至过于拖延裁判进程。上述情形在第一审为之，无须征得被告同意，"第二审程序为

---

① 参见王亚新：《对抗与判定——日本民事诉讼的基本结构》，清华大学出版社 2002 年版，第 40 页。

② 王甲乙、杨建华、郑健才：《民事诉讼法新论》，台湾三民书局 1998 年版，第 540 页。

第一审程序之续行，自亦同然"。①

最后，在上述情况下，如果不允许当事人变更诉讼请求，当事人即不得不因为举证责任、诉讼时效以及情势变更等原因而承担败诉后果，而这种后果仅仅因为其诉讼请求不当或不再合时宜所致，这显然违背了实体正义的基本要求。若根据《适用民诉法司法解释》第328条或《适用民诉法意见》第184条规定，② 要求当事人另行起诉，这违背诉讼经济原则，更关键的是，此种情况下，当事人另行起诉往往会受"一事不再理原则"限制而难以成讼。③

至于有观点认为，二审程序中当事人可以变更诉讼理由，但不得变更诉讼请求，这亦值得商榷。根据前文对变更诉讼请求与变更诉讼理由所作比较，不难发现，变更诉讼理由与变更诉讼请求在有些情况下是重叠的，即变更诉讼理由有时会引起诉讼请求变更。如果变更诉讼理由引起诉讼请求变更，此种情形是应当允许还是禁止呢？根据该观点显然无法作答。综上所述，笔者以为，我国民诉法应借鉴大陆法系其他国家民诉立法的经验，有条件地允许当事人在二审程序中变更诉讼请求。当事人在二审中变更诉讼请求甚至增加

---

①　王甲乙、杨建华、郑健才：《民事诉讼法新论》，台湾三民书局1998年版，第540页。

②　有观点认为，《适用民诉法意见》第184条的规定有悖于"法院于任何情形下皆不得拒绝裁判"之规则，"告知当事人另行起诉"究其本质并非一项诉讼行为，因此不能产生任何诉讼法上的效果，其将使诉讼处于悬而未决的搁置状态。参见占善刚、熊洋：《关于二审程序中诉之追加问题的思考》，载《甘肃政法学院学报》2007年第2期。

③　《适用民诉法司法解释》第247条规定，当事人就已经提起诉讼的事项在诉讼过程中或者裁判生效后再次起诉，同时符合下列条件的，构成重复起诉：（1）后诉与前诉的当事人相同；（2）后诉与前诉的诉讼标的相同；（3）后诉与前诉的诉讼请求相同，或者后诉的诉讼请求实质上否定前诉裁判结果。当事人重复起诉的，裁定不予受理；已经受理的，裁定驳回起诉，但法律、司法解释另有规定的除外。根据该条规定，除非仅仅是诉讼请求标的金额或诉讼请求事项的增加或变更，在诉讼请求替代变更的情况下，后诉的诉讼请求大概率会否定前诉裁判结果，从而因此被认定为"构成重复起诉"。

"独立的诉讼请求"，如果案件基础事实及诉讼资料已经过一审审理、未发生实质变化，并且允许当事人二审变更甚至增加"独立的诉讼请求"有利于纠纷一次性解决，有利于减少当事人讼累、节约司法资源，则应当允许此类变更。①

五、再审程序中能否变更诉讼请求

（一）司法解释的规定

德、日以及我国台湾地区实行三审终审制，其立法均禁止当事人在第三审为诉之变更，理由是第三审为法律审，法院不再就新的事实为斟酌，如果当事人变更诉讼请求即有可能会引发对新事实、新证据的纷争。我国民事诉讼实行两审终审制，没有第三审，但有再审程序，并且再审程序中并未区分事实审和法律审，那么我国再审程序中当事人能否变更诉讼请求呢？对此，现行民诉法未作规定，最高法院相关司法解释的规定有所涉及。

《审判监督程序解释》第 33 条规定："人民法院应当在具体的再审请求范围内或在抗诉支持当事人请求的范围内审理再审案件。当事人超出原审范围增加、变更诉讼请求的，不属于再审审理范围。但涉及国家利益、社会公共利益，或者当事人在原审诉讼中已经依法要求增加、变更诉讼请求，原审未予审理且客观上不能形成其他诉讼的除外。经再审裁定撤销原判决，发回重审后，当事人增加诉讼请求的，人民法院依照民事诉讼法第 126 条的规定处理。"《适用民诉法司法解释》第 405 条规定，人民法院审理再审案件应当围绕再审请求进行。当事人的再审请求超出原审诉讼请求的，不予审理；符合另案诉讼条件的，告知当事人可以另行起诉。人民法院经再审，发现已经发生法律效力的判决、裁定损害国家利益、社会公共利益、他人合法权益的，应当一并审理。

---

① 诉讼实践中，不乏允许当事人二审变更诉讼请求的案例，之所以允许，主要也是基于上述考虑，参见江苏省高级人民法院〔2016〕苏民终 881 号判决、湖南省怀化市中级人民法院〔2017〕湘 12 民终 858 号判决等。

　　根据司法解释规定，原则上，当事人在再审程序中不得变更诉讼请求，但在下列情况下，当事人变更诉讼请求的，人民法院应当再审：（1）涉及国家利益、社会公共利益的；（2）当事人在原审诉讼中已经依法要求增加、变更诉讼请求，原审未予审理且客观上不能形成其他诉讼的。另外在撤销原判决，发回重审的情况下，如果当事人增加诉讼请求的，法院应依照民诉法第 126 条的规定处理。①

（二）理论上的争议

　　关于再审程序中当事人能否变更诉讼请求，学者有不同认识，代表性观点有三种：（1）第一种观点认为，无论是按照第一审程序审理的再审案件，还是按照第二审程序审理的再审案件，当事人均可以变更诉讼请求，人民法院应当对此进行处理。其理由是，再审程序是人民法院对发生法律效力的裁判文书再次进行审理的程序，在原审期间当事人的诉讼权利和义务，在再审阶段都应同样适用，并且由于再审程序的特殊性，应赋予当事人更为广泛的诉讼权利，以便能更有力地保护当事人的权益。（2）第二种观点认为，对于按照第一审程序审理的再审案件，当事人可以变更诉讼请求，人民法院应当对此进行处理；对于按照第二审程序审理的再审案件，当事人则不可以变更诉讼请求。其理由是，按照第一审程序处理的案件，原一审裁判已被撤销，再审程序应当完全按照一审程序的步骤来进行，法院应当确定补充举证的期限，并允许当事人变更诉讼请求。按照第二审程序处理的案件，根据《适用民诉法意见》第 184 条②的规定，当事人原则上不得变更诉讼请求。（3）第三种

---

　　①　之所以规定"裁定撤销原判决，发回重审的情况下，如果当事人增加诉讼请求的，法院应依照民诉法第 126 条的规定处理"，主要是基于这样的认识，即原判决被撤销，则视为自始不存在，发回重审就应当按普通的一审程序审理。当然，对于撤销原判决且发回重审后的一审程序应如何理解，理论上亦有不同认识，有观点就认为，发回重审后的一审程序在性质上仍属于再审程序，因此，当事人不得变更诉讼请求。参见董伟威：《对再审发回重审后的一审程序的理解与适用》，载《人民司法》2003 年第 12 期。
　　②　对应《适用民诉法司法解释》第 328 条。

观点认为，在再审程序中，当事人不可以对诉讼请求提出新的变更。这是再审程序应坚持的原则，只存在两个例外：一是按照第一审程序审理的再审案件（包括直接按一审程序审理的再审案件和再审后撤销一、二审裁判并发回一审重审的案件），在原审期间当事人已经提出过变更诉讼请求的主张，一审法院依法应予准许而未予准许；二是在再审中当事人提出将原来的诉讼请求予以减少。只有在此两种特殊情况下，人民法院才可以对当事人变更诉讼请求的主张进行处理。①

（三）本书的观点

笔者以为，在再审程序中，当事人原则上不得变更诉讼请求。再审程序属于特殊的救济程序，其性质不同于一审和二审程序。在普通二审程序中，一审裁判并未生效，所以二审程序只是一审程序的"续行"。再审程序的审理对象则是已经发生法律效力的裁判文书，再审程序是纠正生效裁判错误的补救措施。如果允许当事人在再审程序中变更诉讼请求，则势必会对原生效裁判所构成的再审对象造成破坏。启动再审程序，只是产生中止原生效裁判执行的可能，并不意味着原生效裁判一定错误，在未经法定程序撤销之前，原生效裁判的稳定性、权威性仍应该得到保障。当事人在再审程序中变更诉讼请求，其后果就是"将会因原裁判之外当事人自身的意愿因素"而改变生效裁判的效力，这显然违背了设置再审程序的宗旨。

但是在例外情况下，亦应当允许当事人变更诉讼请求。综合司法解释规定及理论上的争执，笔者以为，下列情况下，当事人在再审程序中可以变更诉讼请求：

第一，当事人将原诉讼请求予以减少的情况。当事人部分或全部放弃诉讼请求系基于自愿原则和处分原则，当事人有权在法律规定的范围内处分自己的民事权利和诉讼权利。由于放弃诉讼请求的结果是使原、被告之间的纠纷全部或部分得以消除，因而即便是在再审程序中，对放弃诉讼请求亦不宜作过多限制。

---

① 参见周晖国主编：《民事再审制度理论与实务》，人民法院出版社2006年版，第100页。

第二，当事人在原审诉讼中变更诉讼请求符合法定条件，原审未予准许的。如果原一审或二审程序中，当事人提出过变更诉讼请求的申请，并且该请求符合法定条件，但原一、二审法院未予准许，那么不管再审程序是按照一审程序还是二审程序进行，均应对变更后的诉讼请求进行审理。依据与前文关于二审程序中应允许当事人变更诉讼请求的理由相同，归根结底还是基于利益衡量的考虑。既然已经启动再审程序，并且当事人在原审中已经提出过变更诉讼请求的申请，如果再审法院基于所谓的"审级利益"考虑不一并对变更诉讼请求问题作出处理，而要求当事人另行起诉，则诉讼程序的便利性、经济性以及有效性于当事人而言无异于"水中月、镜中花"，其制度设计的合理性亦无从谈起。并且，依据现行民诉法规定，"原一审、二审中当事人变更诉讼请求符合法定条件，但原审法院未作准许的情形"实质上属于适用法律错误的再审事由，人民法院在再审程序中也应对此进行"纠错"。综上，只要当事人在原审诉讼中要求变更诉讼请求且符合法定条件，原审未予准许的，不管对于拟变更的诉讼请求当事人能否形成另外的诉讼，① 也不管再审是按照一审程序还是二审程序进行，人民法院均应在再审程序中一并作出审理。

第三，涉及国家利益、社会公共利益的。这作为一种"政策性"或曰"宣示性"情形，有存在必要。

第四节 变更诉讼请求、释明及中间判决

一、两则案例②引出的问题

案例一：甲公司诉乙公司、丙公司及第三人乙公司的子公司丁

---

① 事实上，依照前文设定的变更诉讼请求条件，除非对方当事人同意变更诉讼请求，在其他情况下，囿于"一事不再理原则"的限制，当事人几乎已不可能再"另外形成诉讼"。

② 案例具体内容转引自李锦霞、王俊霞：《法院宣告合同无效与当事人诉讼请求衔接的探讨》，载《广播电视大学学报（哲学社会科学版）》2004年第2期。

侵权、联营纠纷案。在该案中，甲公司的诉讼请求之一是请求法院确认其与乙公司、丙公司签订的《联合兴建保健楼合同》及《补充合同》有效，且要求乙公司及丙公司继续履行该两份合同。但法院以民事判决确认该两份合同无效，并依无效合同的处理办法判令过错方乙公司赔偿无过错方甲公司的经济损失。理由是：乙公司子公司的保健楼占用土地的使用权是乙公司依划拨方式取得。用该片国有土地使用权兴建保健楼违反了《中华人民共和国国有土地出让和转让暂行条例》第44条、第45条之规定。① 对该判决，甲公司不服，上诉于最高法院。最高法院认定以上两份合同有效，理由是，该片划拨土地并未进入市场。②

案例二：A公司诉B公司道路改造合同纠纷案。在该案中，A公司诉请法院判令对方当事人依双方所签订的《道路改造合同》的内容履行，法院认定该合同有效，并判令B公司继续履行该合同约定的义务。③ B公司对此判决不服，提起上诉。上诉法院认定双方当事人所签订的《道路改造合同》无效，并依据无效合同处理原则迳行判决。④

案例一中，法院一审判决针对合同效力的认定及处理与原告甲公司的诉讼请求不一致。案例二中，同样面临法院依职权宣告合同无效与当事人诉讼请求相冲突的问题，只不过这种冲突出现在二审程序之中。《证据规定（2001年）》第35条第1款规定："诉讼过程中，当事人主张的法律关系的性质或者民事行为的效力与人民法院根据案件事实作出的认定不一致的，人民法院应当告知当事人可以变更诉讼请求。"该规定在理论上一度引发广泛争议，在实践中也带来了不少困惑：法官告知当事人变更诉讼请求是否违背了司法中立原则，实施该行为在理论上有什么依据？如果"告知不

---

① 内蒙古自治区高级人民法院〔2001〕内民初字第1号民事判决。
② 最高人民法院〔2002〕民一终字第23号民事判决。
③ 呼和浩特市回民区人民法院〔2001〕回民初字第674号民事判决。
④ 呼和浩特市中级人民法院〔2002〕呼法民二终字第513号民事判决。

当"，受案法院及办案法官是否要承担不利后果？如果当事人拒绝根据法官的告知变更诉讼请求，法院对此应如何处理，能否直接根据自身的"认定"径行判决？对此，理论界和实务界莫衷一是。①鉴于"法官告知变更诉讼请求"存在种种问题，《证据规定（2019年）》第53条删除了该内容并规定："诉讼过程中，当事人主张的法律关系性质或者民事行为效力与人民法院根据案件事实作出的认定不一致的，人民法院应当将法律关系性质或者民事行为效力作为焦点问题进行审理。但法律关系性质对裁判理由及结果没有影响，或者有关问题已经当事人充分辩论的除外。存在前款情形，当事人根据法庭审理情况变更诉讼请求的，人民法院应当准许并可以根据案件的具体情况重新指定举证期限。"《证据规定（2019年）》第53条回避了法官应否告知（提示）当事人变更诉讼请求的问题，但在诉讼实践中法官不可避免还是会面临应否告知（提示）当事人变更，以及如何告知（提示）当事人变更诉讼请求的问题，下面对告知（提示）变更诉讼请求的一些基本问题做必要分析。

二、告知变更诉讼请求与释明

对于《证据规定（2001年）》第35条之规定，理论上代表性的看法有三种：（1）法官告知变更诉讼请求超出了释明权与辩

---

① 由于对《证据规定（2001年）》第35条第1款有不同理解，就上述两则案例应如何处理，亦有三种不同认识，"观点一认为，应由法院先判决确认合同的效力，当事人再按确认结果另行起诉；观点二认为，法院如欲认定合同无效，首先应告知当事人可以变更诉讼请求，如果当事人拒绝变更的，法院可直接宣告合同无效，但对'无效合同'应依'不告不理'的原则处理；观点三认为，法院可先告知当事人变更诉讼请求，如果当事人拒绝变更的，法院依职权按无效合同迳行判决。"法院最终采纳的是第三种观点。参见李锦霞、王俊霞：《法院宣告合同无效与当事人诉讼请求衔接的探讨》，载《广播电视大学学报（哲学社会科学版）》2004年第2期。

论主义的关系，是对处分权原则的修正。① （2）该条内容不属于
释明范畴，并且法院无论是告知还是不告知都有可能卷入是非之
中，"因此，不宜在告知法院对法律关系性质和民事行为效力认定
的情况下，允许原告变更诉讼请求"。② （3）该条规定属于释明的
内容，并有积极意义。③ 告知变更诉讼请求与释明到底是什么关系
呢？要弄清这一问题，必须对释明的内涵及法官告知当事人变更诉
讼请求的具体情形进行辨析。

（一）释明及其适用范围

释明与辩论主义是密切相关的概念，在我国台湾地区，学者们
通常将其译为"阐明"。④ 具体指，"在诉讼过程中，法院为了明
确争议的事实关系，就事实上及法律上的有关事项向当事人发问或
促使当事人提出主张与证据的活动"。⑤ 根据传统观点，由于辩论
主义原则的适用范围仅限于案件主要事实，与此相对应，旨在减轻
当事人主张责任的法官释明义务也只能针对案件的主要事实。⑥ 我
国台湾地区诉讼法学者在介绍释明制度时也曾谈到，释明虽系基于
职权主义而来，但只可于辩论主义限度内行之，故如劝谕当事人将
确认之诉变更为给付之诉，或追加某人为当事人，或该用他种攻击
防御方法等，皆在不许之列，俱非审判长分内应为之事，且与释明

---

① 武胜建、叶新火：《从阐明看法官诉讼请求变更告知义务》，载《法
学》2003 年第 3 期。
② 张卫平：《民事诉讼"释明"概念的展开》，载《中外法学》2006 年
第 2 期。
③ 参见李国光主编：《最高人民法院〈关于民事诉讼证据的若干规定〉
的理解与适用》，中国法制出版社 2002 年版，第 280 页。
④ 参见张卫平：《民事诉讼"释明"概念的展开》，载《中外法学》
2006 年第 2 期。
⑤ 熊跃敏：《民事诉讼中法院的释明：法理、规则与判例——以日本民
事诉讼为中心的考察》，载《比较法研究》2004 年第 6 期。
⑥ 参见王亚新：《对抗与判定——日本民事诉讼法的基本结构》，清华
大学出版社 2002 年版，第 105~106 页。

之义务无关。①

近年来，由于"新诉讼标的理论"及"民事纠纷之一次性解决"之倡议，德、日学者倾向于主张扩大审判长释明行使之范围，"例如甲本于侵权行为请求被告损害赔偿，言辞辩论中被告为时效抗辩，审判长释明命其主张不当得利之返还"，理论上对此多持肯定态度。② 亦有学者认为，依据不同的标准，释明可以作不同的分类。"依据释明事项的不同，释明可分为法律观点的释明和事实的释明；依据释明是否有可能导致诉之变更，释明可分为辩论主义领域的释明和处分权主义领域的释明；依诉讼行为为标准来讲，可分为有关声明的释明、有关陈述的释明以及有关证据声明证据方法提出的释明。"③ 从该分类也可以看出释明显已突破了辩论主义的适用范围。如果严格遵循"汝给吾事实，吾赐汝法律"这一古老的法谚，那么法官在审判过程中应无需就其所持法律观点进行释明。但"另一种观点则对'辩论主义仅仅是关于事实层面的概念，法的观点领域专属于法院的专权，因此当事人与法的观点并无关系'之传统立场进行了自觉的反省，进而认为，在法的观点或法律问题的层面上，也有必要认可'防止突然袭击'的问题，从而保障当事人在这一层面上的参与。具体而言，当法院欲适用当事人未注意之法的观点时，法院就负有如下一种义务，即应当向当事人开示这种法的观点，并让当事人在其与法院之间就法的观点或法律构成进行充分的讨论。这种义务被称为法院的法的观点指出义务或法律问

---

① 参见石志泉、杨建华：《民事诉讼法释义》，台湾三民书局 1987 年版，第 218 页；王甲乙、杨建华、郑健才：《民事诉讼法新论》，台湾三民书局 1981 年版，第 204 页。

② 参见陈计男：《民事诉讼法论（上）》，台湾三民书局 2002 年版，第 404 页。

③ 骆永家：《阐明权》，载民事诉讼法研究基金会：《民事诉讼法之研讨（四）》，台湾三民书局 1993 年版，第 172 页。

题指出义务，也被称为法的对论之要求"。① 法的观点指出义务或法律问题指出义务即为"法官法律观点的释明"，属于释明权具体适用事项之一。②

（二）告知变更诉讼请求的适用情形及其与释明之关系

诉讼实践中，法官告知当事人变更诉讼请求主要基于以下两种情形，第一种情况是，当事人对诉讼请求依据的法律关系性质或民事行为效力存在误解。由于诉讼请求依据特定的法律关系或行为，如果当事人对该法律关系性质或民事行为效力存在误解，当事人的诉讼请求就有可能不当，在这种情况下，法院可以通过释明，使当事人正确理解特定法律关系性质或民事行为效力，以便恰当地提出自己的诉讼请求。例如，原告诉请法院撤销被告公司于某年某月某日所作之股东会决议，主张该决议程序有各项瑕疵等原因事实。如法院审理认为，被告公司当日所召开之股东会，其决议程序并无瑕疵，但决议内容违反法律而无效，或在事实上及法律上不能承认该决议成立，该决议根本不存在，此际法官即应表明法律见解，释明原告是否就上述决议效力之诉讼为诉之变更或追加，而请求合并审判决议之无效或不存在。第二种情况是，请求权竞合时，当事人的诉讼请求存在两个可以选择的请求原因，而原告在诉讼中选择了其中一个请求原因予以主张。例如，在票据关系（票据债权）与原因关系（契约或侵权行为所生债权）竞合的情况下，如原告仅基于票据关系为诉讼请求，但被告在案件审理过程中提出了票据债权罹于消灭时效的抗辩，此时法官即可行使释明权告知原告可基于原因关系提起诉讼请求。此时释明权之行使，可以避免原告不必要的败诉。

通过对法官告知当事人变更诉讼请求具体情形的分析，不难发

---

① ［日］高桥宏志：《民事诉讼法制度与理论的深层分析》，林剑锋译，法律出版社 2003 年版，第 367 页。

② 参见肖建华、陈琳：《法官释明权之理论阐释与立法完善》，载《北方法学》2007 年第 2 期。

现，告知当事人变更诉讼请求的前提一般是：对特定事实，法院与当事人在法律适用上的认识存在分歧或者说适用法律的角度有所差别，法官告知当事人变更诉讼请求实质是对其适用法律的观点进行开示。有鉴于此，我们可以将告知变更诉请行为归结为法官对法律观点的释明，① 有学者将其解释为"法官对特别事项的释明"。②

（三）告知变更诉讼请求的利弊分析

1. 告知变更诉讼请求的积极意义

法官告知当事人变更诉讼请求的积极意义主要表现在以下几个方面：

首先，有利于尽早固定争点，避免当事人在案件审理过程中任意变更诉讼请求。为使庭审活动紧紧围绕双方当事人所争议的案件事实进行，提高庭审质量，缩短庭审时间，在诉讼初始阶段应当尽早固定争议焦点。要固定争议焦点，就必须确定诉讼请求，而变更诉讼请求是当事人的一项诉讼权利，如果法官不适时告知当事人变更诉讼请求，当事人随着诉讼深入推进才发现自己的诉请不当，其必然会要求变更诉讼请求，这势必对诉讼程序顺利推进产生不利影

---

① 有学者认为，释明包括事实的释明与法律的释明，关于诉讼请求的释明属于事实的释明。"诉讼请求的释明包括指出诉讼请求不清楚、不充分之处以及促使诉之变更与诉的合并等。诉讼请求不清楚时，法院可以向当事人发问，指出其诉讼请求的模糊之处或矛盾之处，探求当事人真意，促使当事人清楚表明诉讼请求；诉讼请求不充分时，如请求的数量与请求的种类不充分的，法院可以向当事人发问，启发当事人补充诉讼请求。在诉讼中，当事人由于误解或者疏忽，没有申请诉之变更，法院可通过释明，促使当事人变更诉讼请求并提出新的诉讼资料。"参见熊跃敏：《民事诉讼中法院的释明：法理、规则与判例——以日本民事诉讼为中心的考察》，载《比较法研究》2004 年第 6 期。笔者以为，这种观点对有关诉讼请求释明的理解过于表面化，脱离了对关于诉讼请求释明具体情形的分析。如果仅仅是当事人对诉讼请求表述不清，法官释明促使其表述清楚，这可以归结为事实的释明；如果是因为对法律关系的性质或民事行为效力的认识出现偏差而需要告知变更诉请的，法官的告知则属于对法律观点的开示，是为法律观点的释明。

② 参见张力：《阐明权研究》，中国政法大学出版社 2006 年版，第 248 页。

响。因此，法官通过适当方式适时释明法律观点，促使当事人变更诉讼请求，客观上将避免诉讼程序"走弯路"。

其次，有利于避免当事人重复起诉，降低诉讼成本。如果当事人主张的法律关系性质或者民事行为效力与人民法院根据案件事实作出的认定不一致，当事人的诉讼请求将得不到法院支持，从而有可能使本来可以胜诉的一方当事人由此承担败诉的后果。败诉方当事人自然有可能依据新的诉讼请求重新向法院起诉，例如，在房屋租赁纠纷中，当出租人与承租人就租金或租期发生争议时，有的出租人就以侵权纠纷向法院起诉，要求承租人停止侵害。一旦法院认定承租人不构成侵权，判决驳回原告（出租人）的诉讼请求，出租人即有可能会再次以租赁纠纷起诉，要求解除租赁关系，返还房屋。如果法院适时依据认定的法律关系性质或民事行为效力告知当事人变更诉讼请求，则可以避免当事人重复起诉，既降低当事人诉讼成本，也减轻了人民法院负担。

最后，有利于衡平保护诉讼中弱势方的利益，实现实质公平。在有些情况下，某些诉讼当事人甚至不具备最基本的法律常识，不知道自己享有哪些诉讼权利，应当履行哪些诉讼义务，更不能准确判断案件法律关系性质或民事行为效力，不能够正确确定诉讼请求。这类当事人在广大农村地区占有相当大的比例，而且其中有相当一部份人经济困难，没有能力聘请律师，这部分当事人是诉讼中的弱势群体。如果法院根据已经认定的法律关系性质或者民事行为效力适时告知诉讼中的弱势方变更诉讼请求，则可以降低他们的败诉风险，切实保障其诉讼权利及实体利益。

2. 告知变更诉讼请求的消极作用

法官告知当事人变更诉讼请求的消极作用主要有：

首先，告知当事人变更诉讼请求有可能危及法院居中裁判的地位。诉讼请求受限于法律关系性质或民事行为效力，当法院认定的法律关系性质或民事行为效力与当事人所主张的不一致时，实际也就否定了当事人的诉讼请求，提出这一诉讼请求的当事人将承担败诉后果。在这种情况下，如果法院告知当事人变更诉讼请求，客观上等于在为一方当事人寻求胜诉路径，这难脱"帮助诉讼"之嫌。

其次，就"告知当事人变更诉讼请求"难以进行程序性规范。告知当事人变更诉讼请求到底是法院的权利还是义务？无法界定。告知当事人变更诉讼请求是告知单方还是双方，告知时是否要说明法院认定的理由、事实、证据和法律依据？《证据规定（2001年）》均未作规定。告知当事人变更诉讼请求具有什么样的法律效力？亦无法判断。从被告视角看，对于《证据规定（2001年）》第35条规定的"认定"、"告知"和"变更"等诉讼行为，被告均没有参与权和救济权，其程序利益无法获得公平保障。①

最后，告知当事人变更诉讼请求不当，缺乏有效补救措施。就一般情况而言，法官在审判业务上应当具有较高素养，但也不排除少数情况下法官会作出错误告知。② 我国现行审判制度实行二审终审，如果上诉审法院与一审法院就当事人主张的法律关系性质或者民事行为效力上出现不同认识与判定时，根据一审法院释明而变更诉讼请求的当事人在二审遭遇了不利裁判的结果，当事人会将其归咎于听从了一审法院的释明。③ 由此造成的损失应归责于谁，也无法确定。按照民事诉讼法理，裁判者不因自己的裁判行为而使自己承担民事责任，当事人又无法按照国家赔偿法的规定要求履行告知行为的法院承担民事责任。④ 诉讼实践中，这会给法院带来不必要的麻烦。

三、告知变更诉讼请求与中间判决

由于告知变更诉讼请求存在消极方面，并且有些问题无法克

---

① 参见傅郁林：《先决问题与中间裁判》，载《中国法学》2008年第6期。

② 正因为此，《上海市高级人民法院民事诉讼释明指南》第7条第2款规定，当事人主张的法律关系性质或效力存在较大争议，法官一时难以认定的，法官在释明时应贯彻谨慎原则。转引自任重：《释明变更诉讼请求的标准》，载《法学研究》2019年第4期。

③ 参见毕玉谦：《诉的变更之基本架构及对现行法的改造》，载《法学研究》2006年第2期。

④ 参见武胜建、叶新火：《从阐明看法官诉讼请求变更告知义务》，载《法学》2003年第3期。

服，因此，不少学者对《证据规定（2001 年）》第 35 条第 1 款持否定态度，同时主张引入中间判决制度以解决"当事人主张的法律关系的性质或者民事行为的效力与人民法院根据案件事实作出的认定不一致"问题。① 也有学者认为，应保留《证据规定（2001 年）》第 35 条第 1 款的规定，为弥补其不足，可引入中间判决制度。② 关于中间判决制度及其能否完全替代"法官告知变更诉讼请求"，现予以分析如下：

（一）中间判决的引入及其适用局限性

1. 中间判决的内涵及其适用事项

依照通常认识，所谓中间判决，是指为终局判决之准备，就实体上或程序上之各争点为判断之判决。③ 在比较法视野中，德、日、法、美以及我国台湾地区都有较为成熟的中间判决制度，然而各国和地区中间判决的功能和适用事项却存在较大差异。④ 例如，在德国，关于诉之变更可否、认诺或舍弃的有效性、文书提出命令可否、证言拒绝可否均可适用中间判决。⑤ 在日本，中间判决适用于三类事项：（1）独立的攻击或防御方法；（2）中间争执；（3）

---

① 参见傅郁林：《先决问题与中间裁判》，载《中国法学》2008 年第 6 期；毕玉谦：《诉的变更之基本架构及对现行法的改造》，载《法学研究》2006 年第 2 期；武胜建、叶新火：《从阐明看法官诉讼请求变更告知义务》，载《法学》2003 年第 3 期，等等。

② 参见沈舟平：《中间确认与告知当事人变更诉讼请求——〈关于民事诉讼证据的若干规定〉第三十五条论评》，载《浙江工商大学学报》2005 年第 1 期。

③ 参见陈计男：《民事诉讼法论（上）》，台湾三民书局 2002 年版，第 349 页。

④ 由于我国的判决与英美法系国家的判决相比，无论定义、种类、适用范围、救济途径及其理论基础和制度背景等，都没有太多可比之处，故下面的讨论主要参考大陆法系国家的立法例。参见傅郁林：《先决问题与中间裁判》，载《中国法学》2008 年第 6 期。

⑤ 参见［德］汉斯-约阿希姆·穆泽拉克：《德国民事诉讼法基础教程》，周翠译，中国政法大学出版社 2005 年版，第 285 页。

请求原因。① 在法国，中间判决属于临时判决的特殊类型，法国的中间判决包括两种：（1）命令采取临时措施的判决；（2）与审前程序相关的判决。② 在我国台湾地区，依其"民诉法"第 383 条之规定，对于各种独立之攻击防御方法、请求之原因以及诉讼上的中间争点，法院可为中间判决，因此其中间判决的适用事项与日本民诉法相同。鉴于上述中间判决制度存在较大差异，因此，"如果仅以制度标签作为比较研究的依据，试图通过比较研究寻找可资我国借鉴的中间裁判制度或进行简单的法律移植，不仅是困难的，而且是无益的"。③ 但另一方面，德、日、法三国的中间判决制度在本质上却又有共通之处，即都是在诉讼过程中作出的，且均是为主诉的终局判决作必要的准备。④ 这种共通性也为借鉴提供了可能性。关于应如何借鉴域外经验并构建我国的中间判决制度，考虑到所引张晋红教授以及傅郁林教授发表在《中国法学》上的两篇文章已有较深入探讨，同时该问题多数内容与本书主题相去甚远，此处不再赘述。下面仅就法官告知变更诉讼请求与中间判决两者之间适用的互补性进行论述。

2. 引入中间判决制度的价值

引入中间判决制度的价值可以从两个层面去考察，一是中间判决制度的固有价值，二是中间判决制度相较于法官告知变更诉讼请求在处理"先决事项"上有什么优势。笔者认为，中间判决制度的固有价值与告知变更诉讼请求的价值有共通之处，即均有利于尽早固定争点；有利于当事人及时调整诉讼行为，节约诉讼资源；可

① 参见［日］兼子一、竹下守夫：《民事诉讼法》，白绿铉译，法律出版社 1995 年版，第 145 页
② 参见［法］让·文森、塞尔日·金沙尔：《法国民事诉讼法要义（下）》，罗结珍译，中国法制出版社 2001 年版，第 1065、1067 页。
③ 傅郁林：《先决问题与中间裁判》，载《中国法学》2008 年第 6 期。
④ 张晋红：《关于中间确认判决制度的立法思考》，载《中国法学》2002 年第 5 期。

以防止突袭性裁判，使诉讼结果更易被当事人接受。① 中间判决制度较之于法官告知变更诉讼请求的优势在于：（1）更规范，以判决形式对先决事项进行处理，较之于法官告知变更诉请行为而言在程序上更规范，对方当事人在心理上更容易接受；（2）更准确，以中间判决的形式对先决事项进行处理，在程序结构上将更规范、更清晰，法院可以专门组织双方当事人进行诉辩，这在一定程度上有利于对先决事项作出准确处理；（3）效力更明确，"告知变更诉请行为"在理论上饱受诟病的问题之一，即"告知""认定"到底属于什么性质，其效力无法界定，中间判决则不同，其一经作出，则对整个诉讼具有约束力，法院终局判决不得与中间判决相矛盾。

3. 适用中间判决制度的可能

一旦引入中间判决制度，如果出现当事人主张的法律关系性质或者民事行为效力与人民法院根据案件事实作出的认定不一致的情况，当然可以适用中间判决就先决事项作出裁判。就上文分析的法官告知变更诉讼请求适用的两种主要情形而言，将其纳入中间判决适用事项范围应无逻辑上的障碍。当事人对诉讼请求依据的法律关系性质或民事行为效力存在误解，法官告知当事人变更诉讼请求的，可归类为对"请求原因"为中间判决的情形；在请求权竞合情况下，法官提示当事人为适当诉讼请求的，则可归类为对"独立的攻击防御方法"为中间判决的情形。

4. 中间判决制度的局限

大陆法系民诉法上虽然存在中间判决制度，但实践中却较少运用。"……第383条规定：'各种独立之攻击、防御方法或中间之争点，达于可为裁判之程度者，法院得为中间判决；请求之原因及数额具有争执时，法院以其原因为正当者亦同'，此为中间判决在法律上之依据。于诉讼进行中当事人就某事项生有中间之争执，该争执事项虽已达于可为裁判之程度，但诉讼尚未达于可为终局判决之程度，此际如就该中间之争执为裁判，使当事人暂时不得争执，

---

① 王春芳：《简论中间判决制度的确立》，载《光明日报》2007年3月3日。

其足致诉讼进行流畅，符合诉讼经济原则，应属肯定。惟中间判决属'得'为，法院不为中间判决，而于终局判决中一并说明者，亦无不可，因之，法律虽有中间判决之规定，但法院为中间判决之事例，实务上似不多见。中间判决制度，已仅为著作或课堂上之事项，实务上之利用，几形同虚设。"① 为什么会出现这种情况呢？主要有两方面的原因，一方面，适用中间判决加大了法院工作量。中间判决系终局判决之准备，"不能独立上诉，亦不生既判力"，"法院书记官仍须依判决原本制作判决书正本，于法定期间送达当事人，此不仅增加推事制作判决书之劳费，且增加法院书记官之事务"，② 而中间判决的内容往往在终局判决的判决理由部分即可说清楚。"中间判决是在审理中为准备作出终局判决而事先解决当事人之间有关本案或诉讼程序的争点的判决。中间判决是在诉讼的审理还未达到作出终局判决的阶段作出的判决。但是否作出中间判决由法院裁量决定，也可以把这些保留到在终局判决的理由部分中作出判断。"③另一方面，中间判决程序的启动必须以一方当事人提出中间确认之诉或者双方当事人提出中间确认申请为前提，④ 但在多数情况下，对于先决事项，当事人并未提出确认之诉或确认申请，甚至对方当事人亦未对此提出争执，此时法院主动为中间判

---

① 杨建华：《问题研习民事诉讼法（二）》，台湾三民书局1997年版，第159~160页。

② 杨建华：《问题研习民事诉讼法（二）》，台湾三民书局1997年版，第160页。

③ ［日］兼子一、竹下守夫：《民事诉讼法》，白绿铉译，法律出版社1995年版，第145页。正因为此，有观点认为，"中间判决系随同终局判决并受上级法院之审判，若能在法律上规定中间判决只须于言辞辩论时宣示判决主文，并将之记明于言辞辩论笔录，不必另行制作判决书，其判决理由则于将来为终局判决时，并于终局判决理由中叙明，既节省法院推事、书记员之劳费，又不影响当事人之权益，中间判决制度必乐为审判人员所接受。"参见杨建华：《问题研习民事诉讼法（二）》，台湾三民书局1997年版，第161页。

④ 参见王春芳：《简论中间判决制度的确立》，载《光明日报》2007年3月3日。

决显然"师出无名"。例如原告主张合同有效要求被告履行合同，如果法院认为合同无效并主动作出中间判决确认合同无效，这显然较之于"告知当事人变更诉讼请求"背离当事人处分原则更甚。①

（二）告知变更诉讼请求应予规范

法官进行释明是现代诉讼的发展趋势，早期纯粹的当事人主义诉讼模式有放任当事人竞技的特征，现在实行当事人主义的各国普遍加强了法官的干预。大陆法系各国为克服当事人主义的不足，纷纷在民诉法中规定了法官的诉讼指挥权，以加强法官对诉讼的指挥和引导。德国民诉法第 139 条（1）规定："审判长应该使当事人就一切重要的事实作充分的说明，并且提出有利的申请，特别在对所提事实说明不够充分时要加以补充，还要表明证据方法。为达此目的，在必要时，审判长应与当事人共同从事实上和法律上两方面对于事实关系和法律关系进行阐明，并提出发问。"日本民诉法第 149 条第 1 款规定："审判长为了明了诉讼关系，在口头辩论的期日或者期日之外，就有关事实上及法律上的事项对当事人进行发问，并且催促其进行证明。"该条第 4 款规定，"如果审判长或陪席法官在口头辩论的期日之外，依照本条第 1 款或第 2 款规定，对攻击和防御方法进行产生重要变更的处置时，应当将其内容通知对方当事人。"我国台湾地区"民诉法"第 199 条之 1 I 规定："依原告之声明及事实上之陈述，得主张数项法律关系，而其主张不明了或不完足者，审判长应晓谕其叙明或补充之。II 被告如主张有消灭或妨碍原告请求之事由，究为防御方法或提起反诉有疑义时，审判长应阐明之。"

---

① 也有观点认为，"在特定情况下，即使当事人没有提起中间确认之诉，如若建立该法律关系的行为依法绝对无效的，法院有权主动作出中间确认判决。"参见张晋红：《关于中间确认判决制度的立法思考》，载《中国法学》2002 年第 5 期。笔者以为，该观点亦违反了处分权原则的要求；同时，若法院能绝对确定先决事项的性质或效力的，则可直接对当事人进行释明，如果当事人拒绝根据法院的释明变更诉讼请求的话，法院可驳回其诉讼请求并在判决理由部分加以说明，而无须另费周折作出所谓中间判决。

从德、日民诉法以及我国台湾地区"民诉法"关于诉讼指挥的相关规定看，法官释明不仅涉及事实问题，同时也涉及法律问题。德国民诉法明确规定了"应促使当事人提出有利的申请"，根据本书第一章对诉讼请求概念的比较分析，德国民诉法上的申请（Antrag）对应于我国民诉法上的诉讼请求。换句话说，在德国，法官有促使当事人提出适当诉讼请求的义务。① 日本民诉法规定"对攻击和防御方法进行产生重要变更的处置时，应当将其内容通知对方当事人"，其中"对攻击和防御方法进行产生重要变更的处置"即为对攻击和防御方法的释明，并且这种释明可能会引起诉讼请求的变更，此时法官即有必要将释明通知对方当事人。我国台湾地区"民诉法"则规定"得主张数项法律关系，而其主张不明了或不完足者，审判长应晓谕其叙明或补充之"，这实际上是对请求权竞合情形下，通过法官释明促使当事人完善诉讼请求的规定。② 该规定所提到的审判长应就"究为防御方法或提起反诉"为释明，也涉及到对诉讼请求的释明。之所以将释明的范围拓展到"诉讼请求"领域，无非有以下几点原因：一是加强诉讼指挥的需要；二是保障实质公平的需要；三是实现诉讼经济的需要。鉴于前文在讨论告知变更诉请行为积极意义时对此已有阐述，此处不赘。另外，还有一点很重要的理由，即中间判决不能完全替代法官告知当事人变更诉讼请求的做法。有学者主张引入中间判决制度，并且认为中间判决制度可彻底解决"人民法院认定的法律关系性质或民事行为的效力与当事人所主张的不一致"的问题，这忽略了中间判决制度的适用条件且过于夸大了其制度功能。

综上所述，本书认为，中间判决制度与法官告知当事人变更诉讼请求在功能上有相似之处，在适用上有一定互补性，但中间判决

---

① 德国在民事诉讼学理上也承认，"例外情况法院也有义务促使可能的并且与实体相宜的陈述之变更或者申请之变更，例如诉之变更"。参见［德］奥特马·尧厄尼希：《民事诉讼法》，周翠译，法律出版社2003年版，第131页。

② 参见许士宦：《诉之变更、追加与阐明》，载《台大法学论丛》2003年第3期。

制度不能完全替代法官对诉讼请求的释明。相对中间判决制度而言，法官告知当事人变更诉讼请求具有机动性和迅即性的优点，在程序上也更为简洁，如果法官行为得当且不失公允，则在实体和程序上将取得双赢效果。就法官告知当事人变更诉讼请求的缺陷而言，我们也只能从制度安排的弊端去理解，即任何制度安排都有两个弊端：第一，它要求我们随时为了较大的正义而牺牲较小的正义，反而言之，为了避免更大的非正义而容忍较小的非正义；第二，基于对功利成本或其他伦理价值的考虑而主动限制对正义最大化的追求。① 为尽量将法官告知当事人变更诉讼请求的弊端限制到最小，需进一步明确如下问题：

1. 法官告知变更诉讼请求应遵循的原则

德、日等国法官在为释明时普遍遵循了两条原则："（1）如果法官不释明，致使原本应当胜诉的一方当事人败诉，而原本应当败诉的一方却胜诉，那么法官就应当释明；（2）法官的释明应当在当事人的预期之中，且应当在当事人已经作出陈述的基础上进行释明，但不得替代当事人实施原本不会实施的诉讼行为。"②这两条原则也应成为我国法官斟酌是否为"告知当事人变更诉讼请求"的依据。

2. 法官告知变更诉讼请求的法律效力

《证据规定（2001年）》第35条第1款规定强调，法院应当告知当事人"可以"变更诉讼请求，换句话说，法官告知当事人变更诉讼请求后，当事人既可以变更，也可以拒绝变更。"法官的法律见解对当事人诉讼权利的行使影响甚大。法官公开法律见解后，当事人如不同意法官的意见，可及时地向法官说明自己的看法；如果赞同法官的见解，则可以按照法官的见解来变更自己的诉

---

① 参见郑成良：《论程序公正的价值优先性》，载《人民法院报》2002年11月15日。

② 李浩：《民事诉讼程序权利的保障：问题与对策》，载《法商研究》2007年第3期。

讼请求。"① 在当事人拒绝根据法官的"认定"变更诉讼请求的情况下，法院不能径行依照"认定"作出判决，而只能以当事人的诉讼无理由为据判决驳回其诉讼请求。

3. 对法官就变更诉讼请求"过度释明"的补救

对于法官的过度释明，或者另一方当事人在心理上感觉法官告知变更诉讼请求过于偏向于某一方当事人，德、日民诉法以及我国台湾地区"民诉法"规定了当事人对法官释明行为的异议权，法院应针对当事人的异议作出裁定，以确定其异议有无理由。② 这一点可资借鉴。法官释明属于诉讼指挥的内容，如果当事人认为释明过度，自应允许其异议，这有助于当事人对释明形成制约。过度释明又可细分为两种情况：一是释明有误，二是虽然释明过度，但释明符合案件事实与法律，没有错误。对于第一种情况，当事人可以事实认定或法律适用有误为由提起上诉或申诉，法官的过度释明可被包含于其中（事实认定或法律适用错误），并依此得到纠正。至于第二种情况则比较麻烦，纵使法院的释明因对对方当事人造成不公平感而显得"过度"，但却很难纠正。有学者就指出，"在法院过度释明符合案件真相时，应当说的确没有加以更正的手段"。③

4. 对法官就变更诉讼请求"疏于释明"的补救

在应该为释明的情况下，法官没有为释明怎么办？"于法官而言，当法律将释明设定为他（她）的一项义务时，法官不予释明，将构成对法的违反。其由此而作出的判决可能被上诉审法院废弃。"④ 在日本就形成了很多这样的案例。另外，如果允许当事人在二审程序中有条件地变更诉讼请求，即便一审法院未通过释明促

---

① 李浩：《民事诉讼程序权利的保障：问题与对策》，载《法商研究》2007 年第 3 期。

② 参见德国民诉法第 140 条、日本民诉法第 150 条、我国台湾地区"民诉法"第 201 条。

③ ［日］高桥宏志：《民事诉讼法制度与理论的深层分析》，林剑锋译，法律出版社 2003 年版，第 362 页。

④ 黄松有：《中国现代民事审判权论——为民服务型民事审判权的构筑与实践》，法律出版社 2003 年版，第 231 页。

使当事人变更诉讼请求，当事人仍可在二审中通过变更诉讼请求予以补救。对法官而言，其似不必因未尽释明义务而承担法律上的责任，毕竟如何确定诉讼请求归根结底仍是当事人自身的义务。

第四章 反驳及承认诉讼请求

第一节 反驳诉讼请求

反驳原告的诉讼请求是被告基本的诉讼权利，针对原告提出的诉讼请求，被告反驳是常态，承认则是例外。我国现行民诉法第51条①规定，被告可以反驳原告的诉讼请求，诉讼实践中被告在大多数情况下均会行使权利、反驳原告的诉讼请求，但传统民事诉讼法学理论对"反驳诉讼请求"这一概念关注较少，对于何为反驳诉讼请求亦缺乏明确界定，本节试从反驳诉讼请求与反驳、抗辩以及反驳诉讼请求与反诉的比较入手对反驳诉讼请求进行必要探析。

一、反驳诉讼请求、反驳与抗辩

反驳、抗辩以及反驳诉讼请求均是民事诉讼法学领域的重要概念，诉讼实践中也经常使用这几个概念，反驳、抗辩、反驳诉讼请求之间是什么关系呢？国内民事诉讼法学著作对此较少涉及，在此略加辨析。反驳与抗辩密切关联，均属诉讼上的防御方法，但在防御内容上两者有一定区别：（1）反驳既针对请求的原因事实本身，也针对诉讼请求，并且对诉讼请求的反驳是通过对事实、理由的反驳来进行的，但严格意义上的抗辩"并未针对原因事实本身，而

---

① 1991年通过的民诉法、2007年修正的民诉法第52条。

114

是针对其法律效果作出的否定性陈述",① 抗辩直接针对对方的诉讼请求,诉讼法上的抗辩其根本依据在于当事人所享有的实体法上的抗辩权或形成权,② 被告进行抗辩无非有两种方式,一是永久的抗辩,如主张诉讼时效期间届满,主张有法律上的免责事由,或者主张享有法律关系的解除权或撤销权等;二是延时的抗辩,如主张同时履行抗辩权或不按抗辩权。(2) 反驳既针对程序问题,又针对实体问题,但抗辩只针对实体问题。(3) 由于抗辩仅针对诉讼请求,因此,抗辩的主体只能是本案被告,反驳则不然,反驳的主体既可能是本案被告,也可能是本案原告,既可以是本案被告针对本案原告诉讼请求、事实、理由所作的驳斥,也可能是本案原告针对本案被告所主张的事实、理由所作的驳斥。

综上,本书认为,抗辩在效果方面等同于反驳诉讼请求,是本案被告针对本案原告诉讼请求所作的否定性陈述。抗辩最突出的特点是,其并不针对原告所主张的事实、理由,甚至不否定原告所主张的事实、理由,但被告针对原告诉讼请求提出了法律规定或当事人约定的特定事由,一旦这种事由存在,则原告的诉讼请求将全部或部分得不到法院支持,原告将因此承担败诉的法律后果。反驳相对于抗辩和反驳诉讼请求而言,是一个内涵更广的概念,既包括对诉讼请求的驳斥,也包括对程序上和实体上其他事实和理由的驳斥,是对对方当事人的请求或事实、理由所作的否定性陈述。

二、反驳诉讼请求与反诉

"反诉,是指在已经开始的诉讼程序中,本诉的被告以本诉的原告为被告提出的与本诉有牵连关系的独立的反请求。"③ 当事人

---

① 许可:《民事审判方法》,法律出版社 2009 年版,第 139 页。国内有学者对"抗辩"概念做过较为详细的辨析,参见占善刚:《民事证据法研究》,武汉大学出版社 2009 年版,第 9~16 页。

② 正因为此,诉讼上的抗辩实际上可以理解为实体法上抗辩权的运用和延伸。

③ 赵钢、占善刚、刘学在:《民事诉讼法》,武汉大学出版社 2008 年版,第 24 页。

提起反诉的目的在于通过反诉抵消或吞并本诉的诉讼请求。与反驳诉讼请求一样，反诉是本案被告针对本案原告所采取的防御方法，但反诉与反驳诉讼请求不同：

首先，两者性质不同。反诉系本诉被告针对本诉原告所提起的独立的诉和诉讼请求，该诉和诉讼请求既具有独立性，又与本诉和本诉诉讼请求具有牵连性，并且必须符合法定的提起条件；而反驳诉讼请求只是被告所依法享有的诉讼权利，是被告在诉讼中所使用的防御手段，不能成立为一个独立的诉。

其次，两者前提不同。反诉以承认本诉的存在为前提，并且多数情况下，本诉被告对本诉原告的诉讼请求并不直接否定，而是试图通过提出反诉来抵消或吞并本诉的诉讼请求；反驳诉讼请求则是直接否定原告所提出的全部或部分诉讼请求。

再次，两者提出的时间和结果不同。对于反诉应在诉讼的哪个阶段提出，我国民诉法没有规定，在《证据规定（2001 年）》出台之前的司法解释中也没有明确规定，① 诉讼实践中一般倾向认为，被告应在一审法庭辩论终结之前提起反诉。反驳诉讼请求可以在一审、二审、再审程序中进行。反诉提出后，法院必须针对反诉的诉讼请求作出裁判，而反驳诉讼请求是一种防御方法，法院只需对其作出调查、审理，无须作出裁判。

最后，本诉被告在提起反诉和反驳诉讼请求时的法律地位不同。本诉被告提起反诉后，如反诉被人民法院受理并予以合并审理，则被告拥有了"反诉原告"的身份，与本诉原告具有同等的诉讼地位，并且即使本诉原告撤回起诉也不能影响法院对反诉的审理。而被告反驳诉讼请求则不然，无论其如何反驳，始终都是被告的身份，如果原告撤回起诉或放弃诉讼请求，则被告的反驳将失去依凭。

---

① 《证据规定（2001 年）》第 34 条第 3 款规定，当事人增加、变更诉讼请求或提起反诉的，应当在举证期限届满前提出。《证据规定（2019 年）》第 55 条（四）删除了"应当在举证期限届满前提出"的要求。

第二节 承认诉讼请求

被告承认诉讼请求将直接导致其承担败诉后果，承认诉讼请求在行为性质、特点、要件以及法律效力等方面与放弃诉讼请求有对应性，但也有一些差别值得探讨。

一、承认诉讼请求的性质及特点

承认诉讼请求，是指在诉讼中被告对原告所提出的诉讼请求部分或全部地予以认可的一种陈述，我国民诉法规定的承认诉讼请求同于大陆法系民事诉讼法学上之"认诺"。在德、日以及我国台湾地区，认诺一般仅指对原告诉讼请求的认可，但在法国民诉法上，认诺既包括对诉讼请求的承认，也包括对法院判决的承认，并且在实践中，最常见的还是对法院作出的判决认诺，对判决的认诺包含着舍弃运用上诉救济途径。① 承认诉讼请求不同于诉讼法上的自认，② 后者是指承认他人对己不利事实的主张。

承认诉讼请求不仅能终结诉讼程序，同时还能带来实体法上债务承认之效果。因此，应如何理解其性质在理论上有不同认识：（1）在私法诉权说占统治地位的时代，把承认对方诉讼请求看成是纯粹私法行为的观点曾是最权威的；（2）而在目前，把它看成是纯粹诉讼行为的观点和认为它同时具有私法行为和诉讼行为性质的观点占主导地位。③ 应该说，承认诉讼请求不同于纯粹的私法行为，虽然当事人承认诉讼请求，客观上将导致对作为诉讼请求基础的实体权利或实体利益的承认，但这仅是"诉讼行为与私法上之

---

① 参见〔法〕让·文森、塞尔日·金沙尔：《法国民事诉讼法要义（下）》，罗结珍译，中国法制出版社 2001 年版，第 1056 页。

② 诉讼实践中常发生将两者混同使用的情况，例如辽宁省朝阳市中级人民法院〔2017〕辽 13 民终 2701 号判决、青海省西宁市中级人民法院〔2017〕青 01 民终 650 号判决等。

③ 参见〔日〕中村英郎：《新民事诉讼法讲义》，陈刚、林剑锋、郭美松译，法律出版社 2001 年版，第 252 页。

法律行为之偶然竞合"。诉讼法上之诉讼行为，系专以生诉讼法上之效果为目的，故民法上关于法律行为无效或撤销之规定，学者多主张不适用于承认对方诉讼请求之行为。① 从诉讼行为的分类来看，承认诉讼请求属于与效性诉讼行为，当事人承认对方诉讼请求将产生诉讼法上的一定效果，该效果的发生系依诉讼法的规定而直接产生，不必当事人在为承认对方诉讼请求陈述时有产生这种效果之意思，更非因当事人有此目的而始生其效力。② 亦即，承认诉讼请求是不以当事人意思表示为要素的诉讼行为。

承认诉讼请求具有下列特点：（1）承认诉讼请求是当事人的诉讼权利，是当事人自由意志的体现，在民事诉讼中被告既可以承认诉讼请求，也可以不承认，包括法院在内的任何外力都不得强迫当事人作出或者不作出承认诉讼请求的陈述。对被告而言，是无条件承认对方的诉讼请求还是据理反驳对方的诉讼请求，是完全承认还是部分承认，皆由其自主权衡并作出选择。（2）承认诉讼请求是当事人在诉讼程序中所作的陈述，当事人在诉讼之外对对方当事人表示同样的意思，虽然具有债务承认的意思，但却不能产生诉讼法上承认诉讼请求的效果。（3）承认诉讼请求是依据诉讼法的规定直接产生效力的诉讼行为，它不是私法行为，只要能表达承认诉讼请求的旨意，至于用什么样的词句陈述均可，并且也不问当事人当时以什么样的意思进行陈述。③（4）承认诉讼请求是对"诉讼上之请求权"的承认，亦蕴含对诉讼标的处分之意。

二、承认诉讼请求的要件

承认诉讼请求如欲产生诉讼法上的效果必须满足一定要件，该要件对应于放弃诉讼请求要件，此处不再赘述。但有两点须进一步

---

① 参见王甲乙、杨建华、郑健才：《民事诉讼法新论》，台湾三民书局1998年版，第443~444页。

② 参见王甲乙、杨建华、郑健才：《民事诉讼法新论》，台湾三民书局1998年版，第443页。

③ ［日］中村英郎：《新民事诉讼法讲义》，陈刚、林剑锋、郭美松译，法律出版社2001年版，第137页。

明确，（1）承认诉讼请求不得违反法律强制性规定及公序良俗。在承认诉讼请求之场合，所承认的权利主张，其种类必须是现行法所允许的，并且其内容不得违反公序良俗。例如，对请求确认法律不予承认的物权，或请求为犯罪行为的主张不得为承认诉讼请求。与此相反，只要是法律允许的权利主张，即使原告请求所依据的理由不充分、不准确，也可以为承认诉讼请求。因为，只要有被告承认诉讼请求，就不需要法院判断诉讼请求是否有理由、有依据。①（2）承认诉讼请求不得附条件。承认诉讼请求必须是无须法院进行判断的，直接无条件地肯定对方诉讼请求的陈述。以给付诉讼为例，承认对方诉讼请求即是承认给付请求权本身现实存在的陈述，如果只承认作为所主张的给付之诉理由的具体事实或先决的权利关系，并不属于承认诉讼请求。承认诉讼请求必须是无条件的、肯定的，因此那些关于提起诉讼虽然不合法但诉讼请求倒属正当，或者承认债权的成立但又主张抵销等的陈述，都不属于承认诉讼请求。

三、承认诉讼请求的效力

被告承认诉讼请求的效力及法院应如何处理，总体上亦与放弃诉讼请求相对应。唯在理论上仍有一点值得探讨，即当事人若基于意思表示错误而承认诉讼请求，是否可予以撤销、撤回，或认定为无效。对此，德国、日本以及我国台湾地区主流观点认为，承认诉讼请求一旦作出则不得撤销或撤回，也不存在无效认定的问题，其主要理由是：（1）承认诉讼请求是一种诉讼行为，不同于私法上的行为，不以意义表示为要素，在效力认定上应采外观主义或表示主义，当事人承认诉讼请求的陈述一旦作出则发生诉讼法上的效力，而不管当事人内心意思如何。（2）规范诉讼行为既要注重诉讼之动态性、发展性、计划性等特性，以判断其适法与否、有效与否，亦要注重程序之安定性，始可符合诉讼经济之原则。诉讼欲要顺利进行且迅速推进的话，一定要把程序安定下来，如何安定下来

---

① ［日］中村英郎：《新民事诉讼法讲义》，陈刚、林剑锋、郭美松译，法律出版社 2001 年版，第 138 页。

呢？应保证实施了的诉讼行为不能轻易推翻，反反复复，而应尽量维持其效力。① 但近来发展出现了一些转变，有观点认为，如果承认诉讼请求确系基于错误而为之，则应当考虑其可以撤销、撤回或认定为无效。该观点的主要理由是，民事诉讼须同时适用实体法与诉讼法，以达成依法解决民事纠纷之目的，而其审判应以公正、切实为目标。因为民法与诉讼法是共同通过民事诉讼为解决民事纠纷作奉献，所以其分别规范之私法行为与诉讼行为也应有共通之大原则存在，即诉讼行为有时也有适用或藉用私法原理之余地。审判以公正、切实、正确为目标，为求审判之正确，意思之瑕疵或欠缺，就非加以适当考虑不可。②

　　笔者以为，对意思表示错误要作具体分析，通常情况下，承认诉讼请求者泛泛主张其系基于意思表示错误而为承认，则其主张不应得到支持。因为，承认诉讼请求是一项诉讼行为，是当事人对法院所作的陈述，且通说认为其不以意思表示为要素。只要不违反法律的强制性规定和公序良俗，即便对方的诉讼请求所依据的理由有欠缺甚至无理由，但如果被告作出了承认的陈述，法院也应依照该陈述作出对其不利的判决。③ 至于被告作出陈述时内心意思如何，法院无须判断，也根本无法判断。一旦作出承认诉讼请求的陈述之后，如果允许承认诉讼请求者随意反覆，以意思表示瑕疵为由撤回或请求撤销此项承认，这显然不符合程序安定以及诉讼经济原则要求。如果承认诉讼请求者主张是由于受欺诈、胁迫或因重大误解

---

① 参见曹鸿兰等：《基于错误所为舍弃上诉权之效力问题——以其舍弃是否得撤销或无效为中心》，载民事诉讼法研究基金会：《民事诉讼法之研讨（二）》，台湾三民书局 1990 年版，第 340~341 页。

② 参见曹鸿兰等：《基于错误所为舍弃上诉权之效力问题——以其舍弃是否得撤销或无效为中心》，载民事诉讼法研究基金会：《民事诉讼法之研讨（二）》，台湾三民书局 1990 年版，第 343 页。

③ 有观点认为只要承认诉讼请求的陈述符合相关要件，法院无须依职权考察被告为何作出承认，"纵然法院于事先已获得心证，认定该诉讼有理由或无理由之情形，亦应受认诺之拘束而为判决"。参见陈荣宗、林庆苗：《民事诉讼法》，台湾三民书局 1996 年版，第 470 页。

（如因庭审时翻译错误，受其误导）而为的承认，则可比照法院调解案件的做法，将受欺诈、胁迫或重大误解作为申请再审的事由，提请法院对案件进行再审。近年来，一些德、日民事诉讼法学者也倾向于将此解释为当事人申请再审的事由。①

---

① 　参见曹鸿兰等：《基于错误所为舍弃上诉权之效力问题——以其舍弃是否得撤销或无效为中心》，载民事诉讼法研究基金会：《民事诉讼法之研讨（二）》，台湾三民书局1990年版，第371页。

第五章　合并诉讼请求及其处置

第一节　合并诉讼请求的含义及其类型

大陆法系民事诉讼法上有所谓诉之合并制度，我国现行民诉法未使用"诉之合并"一语，但在第 140 条①规定了合并审理的情形，即原告增加诉讼请求，被告提出反诉，第三人提出与本案有关的诉讼请求，可以合并审理。我国民诉法规定的合并审理主要是针对诉讼请求合并的情况，由于民诉法第 140 条的规定极为简单，并且理论上对合并诉讼请求问题关注甚少，因此实务上对合并诉讼请求的内涵、合并诉讼请求的条件以及合并诉讼请求的审理程序等问题均缺乏清晰认识。有鉴于此，实有必要借鉴域外诉之合并制度的有关内容，结合我国民事诉讼实践，对合并诉讼请求相关问题进行深入研究。

一、合并诉讼请求与诉之合并

我国民诉法未规定诉之合并制度，理论上在界定诉之合并制度时常常将其与合并诉讼请求混同使用。例如，有观点认为，"诉的合并一般分为诉的主体合并和诉的客体合并。……诉的客体合并，是指有多宗诉讼请求的诉，如一原告向被告提出了两个以上诉讼请求的诉就属于诉的客体合并"。② 也有观点认为，原告向被告提起数项诉讼请求，人民法院将其合并审理的，是为诉之客体合并。在

---

① 1991 年通过的民诉法、2007 年修正的民诉法第 126 条。

② 谭兵主编：《民事诉讼法》，四川人民出版社 1992 年版，第 128 页。

诉讼实践中，诉之客体合并又可分为单纯的合并、预备的合并以及选择的合并。① 还有观点认为，所谓诉之客体的合并是指，同一原告对同一被告提出多项请求的，法院将多项请求合并于同一诉讼程序中审理。② 严格来说，这些观点并未能准确地界定合并诉讼请求与诉之合并之间的关系。合并诉讼请求与诉之合并既有联系又有区别，一般观点均认为，诉之合并是指诉讼标的的合并，但也有观点认为诉之合并是指诉之声明的合并。"所谓提起数宗诉讼，依通说，系指于同一诉讼程序，主张二以上诉讼标的者而言，故诉之客观合并，亦可谓为诉讼标的之合并。惟亦有主张得仅就诉之声明为合并者。"③ 辨析合并诉讼请求与诉之合并之间的关系主要涉及两个关键问题，一是合并诉讼请求的情形，二是诉讼标的之概念。

就合并诉讼请求的诉讼实践而言，法院实施合并审理有两种情况：一是对同一诉中的几项具体诉讼请求的合并，如，在人身损害赔偿诉讼中，A 诉请 B 赔偿医药费××元，赔偿护理费××元，赔偿误工费××元；二是基于诉之合并客观上形成了诉讼请求的合并，例如，A 诉请 B 分别支付房屋租金××元及返还借款××元。尽管这两种合并最终都落实到对具体诉讼请求的合并审理上，但它们之间仍有本质区别。一方面，前者所合并审理的数项诉讼请求，系源于同一诉讼标的，后者合并审理的诉讼请求则源于不同诉讼标的；另一方面，前者所合并审理的数项诉讼请求属于同一民事案件，后者所合并审理的数项诉讼请求由于源于不同诉讼标的，因此属于不同的民事案件。④基于对合并诉讼请求具体情形的分析，不难发现，诉之合并必然引起诉讼请求的合并，但诉讼请求合并未必

---

① 常怡主编：《民事诉讼法学》，中国政法大学出版社 1994 年版，第 138 页。

② 柴发邦主编：《中国民事诉讼法学》，中国人民公安大学出版社 1992 年版，第 289 页。

③ 杨建华：《问题研析民事诉讼法（一）》，台湾三民书局 1996 年版，第 203 页。

④ 参见张晋红：《诉的合并有关问题的思考——兼论提高民事诉讼效率的有效途径》，载《广东商学院学报》2002 年第 4 期。

是诉之合并。

由于通常观点均认为，诉之合并是指诉讼标的合并，因此在分析合并诉讼请求与诉之合并的关系时，如何认识诉讼标的的概念，则至关重要。诉讼标的在概念和识别标准上又有新旧理论的不同，所以在判断是否构成诉之合并时，因采不同的诉讼标的理论而有不同的结论。通常所谓诉之合并的种类，是按照传统诉讼标的理论进行划分的。① 如果按照新诉讼标的理论进行分析，传统的很多诉之合并的类型并不构成诉讼标的的合并，而仅系诉讼请求合并，这一点下面涉及合并诉讼请求的类型时将有具体分析。之所以如此，是因为诉之合并制度的最大价值在于便利诉讼程序、避免诉讼活动重复、避免裁判之间的矛盾，在实践中，截然不同、毫无关联的两个诉讼标的进行"纯粹的"诉之合并几乎没有实际价值。因此，通常理论上所讨论的诉之合并，其合并的两个或多个诉，要么在事实上要么在法律关系上均有着密切关联，而根据新诉讼标的理论，这些合并的诉往往源于同一诉讼标的的，只是诉之声明不同而已。正因如此，陈荣宗教授特别强调研究诉之合并要注意从诉之声明合并的角度去加以观察，"我们大家都了解，声明之内容的具体性及明确性在实务上的重要性，所以这样看来，这个单纯的合并若以诉讼标的来作为标准，恐怕是有问题的，……纵使法律关系相同、诉讼标的一样，但因权利保护形式有所不同，故仍为不同的诉讼标的，是不同的诉"。②他在论述预备合并之诉时指出："在学理上，凡对于一诉讼标的之诉讼，在诉之声明方面，以预备合并之方法为声明者，此为声明之预备合并，非为预备合并之诉，但在传统之诉讼标的概念之下，声明之预备合并，多数情形，则称为预备合并之诉，是为

---

① 参见赵钢、占善刚、刘学在：《民事诉讼法》，武汉大学出版社 2008 年版，第 23 页。

② 陈荣宗教授在民诉法研究会第二十九次研讨会上的发言，载民事诉讼法研究基金会：《民事诉讼法之研讨（三）》，台湾三民书局 1990 年版，第 283 页。

诉讼标的理论对诉之合并问题在解释方面之影响。"①

二、合并诉讼请求的学理类型

大陆法系民事诉讼法学理论关于诉之合并有较多研究，关于诉之客观合并的型态理论上有较大争议。"客观诉之合并，究应如何分类，学者间意见极为分歧，有采单纯之合并、重叠（竞合）之合并、选择之合并、预备之合并四分法者；有采单纯之合并、重叠（竞合）之合并、预备之合并三分法者；有采单纯之合并、选择之合并、预备之合并三分法者。而采诉讼标的新理论者，则仅承认单纯之合并与预备之合并。"② 由于诉讼请求合并与诉之客观合并有着紧密关联，诉之客观合并的很多情形实质上即为诉讼请求的合并，因此，笔者拟从梳理诉之客观合并的情形入手，对合并诉讼请求的类型作出界分。

（一）诉之单纯合并情形下的诉讼请求合并

在诉之客观合并的各种型态中，诉之单纯合并是没有争议的合并型态。单纯的合并即同一原告对于同一被告，以一诉状同列数宗诉讼，向法院请求为判决之诉之合并。单纯合并又可分为两种情形：（1）无牵连的单纯合并。即原告合并提起之数宗诉讼间，并无任何法律上或事实上相牵连之诉之合并。例如，原告本于租赁关系请求被告返还租赁物，同时又本于买卖关系请求同一被告给付价金之诉之合并情形。（2）有牵连的单纯合并。即原告合并提起之数宗诉讼间，有相互牵连关系存在之情形。这种牵连又可分为法律上之相互牵连和事实上之相互牵连。法律上相互牵连之单纯合并如原告本于与被告间之买卖契约，合并提起给付买卖标的物及请求给付违约金之诉。又如合并提起确认某违建房屋所有权存在，并请求

---

① 陈荣宗：《举证责任分配与民事程序法（第二册）》，台湾大学法学丛书编辑委员会编辑1984年版，第132页。

② 杨建华等：《重叠（竞合）诉之合并与选择诉之合并》，载民事诉讼法研究基金会：《民事诉讼法之研讨（三）》，台湾三民书局1990年版，第256页。

本于所有权返还房屋之诉亦属之。前者为数项请求之原因相同，后者为一项请求系由他项请求而生者。事实上相互牵连之单纯合并如基于一个订立买卖及承揽条款之契约，请求给付买卖价金及承揽报酬。①

无论是有牵连的单纯合并还是无牵连的单纯合并，诉之合并客观上都伴随着诉讼请求合并。无牵连的单纯合并作为诉之合并型态更多只是一种理论上的存在，基于诉之合并的价值考量，无牵连的单纯合并在实践中几乎没有存在必要，通常情况下当事人不会提出这样的合并申请，法院也不会准许这样的诉之合并。有牵连的单纯合并则不然，这样的情形在实践中经常发生，并且由于事实或法律上的某种牵连，有牵连的单纯诉之合并，究其实质，就是诉讼请求合并，这从对上述事例的分析不难得到印证。对应于诉之合并的分类方法，我们不妨将这类诉讼请求合并归类为有牵连的单纯合并。

（二）诉之客观预备合并情形下的诉讼请求合并

与单纯的诉之合并一样，作为一种独立的合并型态，诉之预备合并在理论上亦得到了广泛承认。诉之预备合并分为诉之客观预备合并与诉之主观预备合并两大类，② 诉之主观预备合并本质上属于当事人制度的内容，此处不表。诉之客观预备合并是指，同一原告在提起主位诉讼之时，于同一诉讼程序中对同一被告提起预备诉讼，以备主位诉讼无理由时，可以就其预备诉讼申请法院予以审判的诉讼合并型态。也就是说，原告在提起主位诉讼时，因预计到自己主位诉讼的请求有可能被法院驳回或判决败诉，所以在起诉时即

---

① 参见陈计男：《民事诉讼法论（上）》，台湾三民书局 2002 年版，第 215~216 页。

② 诉之主观预备合并是指，在共同诉讼中，由同一原告对于共同被告起诉为预备之合并，原告先位请求判令被告甲承担义务（先位之诉），预备其对于被告甲之诉无理由时，请求法院就其对于被告乙之诉（预备之诉）为审判；或由共同原告对于同一被告起诉为预备之合并，先由原告甲请求被告履行义务，如原告甲预备其对于被告之诉（先位之诉）无理由时，请求法院就原告乙对于被告之诉（预备之诉）进行审判。

提起一个预备诉讼，以对主位诉讼进行补救。① 有观点认为，在诉讼实践中，当事人主要在以下两种情形下可以合并提起主位诉讼与备位诉讼：（1）在买卖合同纠纷中，出卖人已将标的物所有权转移于买受人，此时双方就买卖合同的效力或标的物的瑕疵发生争执，买受人拒绝给付价金。出卖人起诉请求法院优先判决买受人给付买卖价金，如果给付价金的请求被判无理由，则请求法院判令被告返还买卖标的物。（2）当事人双方开车发生车祸，车祸之被害人起诉请求加害人赔偿汽车所受之损害，同时为预备请求，声明如对汽车之损害赔偿有理由时，并请求加害人赔偿医药费及慰问金。② 笔者以为，该两种情形中，第一种情形是诉之客观预备合并的典型型态，第二种情形并非诉之客观预备合并，而应当是事实上有牵连的诉之单纯合并。根据理论上对诉之预备合并的通常界定，提起备位之诉的目的，是备防主位之诉无理由时，要求法院就备位之诉进行裁判。而上述第二种情形显然不符合该界定，赔偿汽车所受之损害、赔偿医药费及慰问金，均是基于加害方的加害行为所生的诉讼请求，其产生源于同一事实，因此，由此所生之诉之合并，仅仅只是事实上有牵连之单纯合并。③

　　之所以会出现对诉之预备合并具体型态的认识分歧，主要原因在于学界对于主位请求与备位请求之间关系有不同认识，这一点本章第三节将专门论述。根据新诉讼标的理论，诉之客观预备合并有些情况下仅仅是诉讼请求合并，有些情况下既是诉讼请求合并，也是不同诉讼标的之合并。前者如，原告主位诉请被告给付买卖价金，备位诉请被告返还买卖标的物；后者如，原告主位诉请宣告婚姻无效，备位诉请法院判决离婚。照应于诉之客观预备合并之称

---

　　① 参见刘田玉：《诉之预备合并的比较与借鉴》，载《环球法律评论》2004 年夏季号。

　　② 参见陈荣宗：《举证责任分配与民事程序法（第二册）》，台湾大学法学丛书编辑委员会编辑 1984 年版，第 129 页。

　　③ 诉讼实践中类似的情形还有，原告诉讼请求确认合同无效，同时请求在合同无效的基础上判决被告返还保证金，相关案例可参见安徽省铜陵市中级人民法院〔2015〕铜中民三终字第 000061 号判决等。

谓，我们不妨将主位诉讼与备位诉讼中诉讼请求的合并称为诉讼请求之客观预备合并。

（三）诉之"选择合并"的辨析及该情形下的诉讼请求合并

在诉之客观预备合并的分类中，诉之选择合并是争议较大的一类，那么，所谓诉之"选择合并"能否独立成类？如果可以独立成类，该情形下诉讼请求的合并是何种型态？如果不能独立成类，该情形下是否涉及诉讼请求合并，如果涉及诉讼请求合并，诉讼请求合并又呈现为何种样态？笔者试对此作出辨析。

依通说观点，诉之选择合并是指原告合并起诉，主张数宗给付不同之请求，只由被告履行其一而得满足者，谓之选择的合并。[①]根据学者通常所举实例，诉之选择合并有两类：（1）以选择之债为内容的诉之选择合并，例如，甲乙之间订立赠与契约，乙拟赠与甲房屋一栋或土地若干平米，后发生争议，甲诉请乙给付房屋一栋或土地若干平米；（2）以赔偿或代偿请求为内容的诉之选择合并，例如原告起诉，求命被告交付房屋一所，并命被告不交付房屋时，即付赔偿金若干元。[②]对于第一种情形，事实上不存在诉讼标的之合并，根据诉之合并为诉讼标的合并的通说观点，亦不存在诉之合并。其赠与之标的物虽有选择，但赠与之法律关系仍属单一，"赠与之法律关系既为单一，诉讼标的亦为单一，单一之诉讼标的应不能成为客观诉之合并，而给付房屋或土地，纵为各别独立之声明，而认有诉之声明之合并"。[③]"且上开情形，法院既应就各该给付均为裁判，仅于判决确定后债务人为履行时，始生选择之问题，亦即仅'履行'之选择，诉之裁判既无选择，称为选择诉之合并，

────────

①　参见陈计男：《民事诉讼法论（上）》，台湾三民书局 2002 年版，第 217 页。

②　参见杨建华等：《重叠（竞合）诉之合并与选择诉之合并》，载民事诉讼法研究基金会：《民事诉讼法之研讨（三）》，台湾三民书局 1990 年版，第 266~267 页。

③　杨建华等：《重叠（竞合）诉之合并与选择诉之合并》，载民事诉讼法研究基金会：《民事诉讼法之研讨（三）》，台湾三民书局 1990 年版，第 266 页。

名实显有不符。"① 据此，笔者以为，以选择之债为内容而起诉的，实际上不存在诉之选择合并问题，究其实质应为诉讼请求之合并，并且这种合并不是诉讼请求的选择合并，而属于有牵连的单纯合并，即因同一事实引发的两种以上的给付请求合并。对于第二种情形，姚瑞光教授认为，原告对被告非有数宗给付请求权，无数个诉讼标的，不生诉之客观合并问题。② 杨建华教授则认为："惟此种代偿请求，其主位请求必有其诉讼标的，而补充请求则为不交付主位请求时之金钱赔偿，前者为原来之法律关系，后者为不履行原来法律关系之损害赔偿请求权。两者之法律关系有异，诉之标的自不相同，且其诉之声明既有交付某物或给付金钱之不同，亦有二诉之声明之合并，故应为客观诉之合并。"③ 杨建华教授进一步指出："此种型态诉之合并，原告既有二诉讼标的及二诉之声明，此二诉讼标的及二诉之声明，均请求法院为判决，并非以主位请求无理由为条件，始请求就后位之诉裁判，故非预备诉之合并。于法院就主位之诉及补充之请求判决确定后，于履行时，必须主位请求不欲或不能履行时，始履行补充请求，法院就主请求及补充请求均须为裁判，并无择一诉讼标的或择一声明为裁判之情形，就各诉之裁判既无选择，应非选择之合并。""因其有二诉讼标的，并有二诉之声明，两请求均请求法院并为裁判，此二诉讼标的及二诉之声明间，有其附随关系，故应为有牵连关系单纯之合并。"④ 笔者赞成姚瑞

---

① 杨建华等：《重叠（竞合）诉之合并与选择诉之合并》，载民事诉讼法研究基金会：《民事诉讼法之研讨（三）》，台湾三民书局 1990 年版，第266 页。

② 参见杨建华等：《重叠（竞合）诉之合并与选择诉之合并》，载民事诉讼法研究基金会：《民事诉讼法之研讨（三）》，台湾三民书局 1990 年版，第 267 页。

③ 杨建华等：《重叠（竞合）诉之合并与选择诉之合并》，载民事诉讼法研究基金会：《民事诉讼法之研讨（三）》，台湾三民书局 1990 年版，第267 页。

④ 杨建华等：《重叠（竞合）诉之合并与选择诉之合并》，载民事诉讼法研究基金会：《民事诉讼法之研讨（三）》，台湾三民书局 1990 年版，第268 页。

光教授的观点，以代偿请求为内容的所谓选择的诉之合并，根据新诉讼标的理论不构成诉讼标的之合并，而仅为诉讼请求之合并。并且这种合并既不是选择的合并，也不是有牵连的单纯合并，而是诉讼请求的预备合并。法院并不需要对主位请求及代偿请求同时作出判决，法院在审理主位请求和代偿请求时，应当就两请求合并辩论，只有在主位请求于事实审言词辩论终结前，已确定地给付不能时，才应驳回其主位之诉讼请求，然后就代偿请求为裁判。①

（四）诉之"竞合合并"的辨析及该情形下的诉讼请求合并

诉之竞合合并又称为诉之重叠合并，通说观点认为，竞合合并是指原告合并起诉主张数请求，以单一之声明达其数请求之同一目的之合并之诉。② 例如原告依所有物返还请求权、侵权行为请求权、不当得利请求权，合并请求被告返还同一辆汽车。关于诉之竞合合并是否构成独立的诉之合并型态，理论上有三种不同认识：（1）不构成诉之合并。竞合之合并在采新诉讼标的理论之学者，因认原告就同一请求之数民法上请求权并非不同的诉讼标的，自不生竞合合并问题。③ （2）构成预备合并。在请求权竞合的情况下，诉讼请求都是具备各自实体法构成要件而形成的，因而他们之间并不存在前后的顺位关系。但是，当在诉讼中主张这些请求时，原告应在请求之间规定顺序，即首先主张甲请求，当甲请求被否定时才主张乙请求，因此，这些请求也应当被预备性地合并。④ （3）视

---

① 参见杨建华等：《重叠（竞合）诉之合并与选择诉之合并》，载民事诉讼法研究基金会：《民事诉讼法之研讨（三）》，台湾三民书局 1990 年版，第 269 页。

② 参见陈计男：《民事诉讼法论（上）》，台湾三民书局 2002 年版，第 218 页。

③ 参见陈计男：《民事诉讼法论（上）》，台湾三民书局 2002 年版，第 218 页。

④ 参见［日］中村英郎：《新民事诉讼法讲义》，陈刚、林剑锋、郭美松译，法律出版社 2001 年版，第 125 页。

具体情形，可构成竞合合并、选择合并或类似的预备合并。① 原告以单一之声明，主张两个以上诉讼标的，各该诉讼标的不论胜诉或败诉，均请求法院为裁判者，为竞合合并；原告以单一之声明，主张两个以上诉讼标的，请求法院择一诉讼标的为其胜诉之判决者，为诉之选择合并；若原告以单一之声明，主张两个以上诉讼标的，此两个以上诉讼标的亦系请求法院就其中一个诉讼标的为裁判，惟原告就各诉讼标的自行定有先后之顺序，于先位诉讼标的有理由时，即不请求就后位诉讼标的为裁判，例如原告依据所有权所生之物上请求权与占有返还请求权，以单一声明请求返还同一不动产，先位诉讼标的为所有权所生之物上请求权，后位诉讼标的为占有返还请求权，其后位诉讼标的具有预备之性质，就此而言，与预备的诉之合并相近。② 但此种情形与预备合并之诉中前后两诉相互排斥、不相容的情况又不完全相同，故可称之为类似的预备合并。③

对于请求权竞合情形下的诉之合并，笔者以为：

第一，根据旧诉讼标的的理论，不同的实体请求权构成不同的诉讼标的，相互竞合的数个实体请求权即为数个不同的诉讼标的，如果当事人根据数个竞合的实体请求权提出诉讼请求，则会形成数个诉讼标的之合并，即构成诉之合并；如果根据新诉讼标的的理论，在请求权竞合的情形下，并没有数个不同的诉讼标的，当事人根据不同的实体请求权提出诉讼请求，不会形成诉之合并，但会有诉讼请求合并的问题，此时数个诉讼请求目的虽然相同，但诉讼请求本身

---

① 参见杨建华等：《重叠（竞合）诉之合并与选择诉之合并》，载民事诉讼法研究基金会：《民事诉讼法之研讨（三）》，台湾三民书局 1990 年版，第 270~271 页。

② 诉讼实践中类似的情形还有，原告诉讼请求依据法定继承继承遗产，如果不能依据法定继承继承遗产，则请求依据遗嘱继承遗产，具体案情参见重庆市第二中级人民法院〔2014〕渝二中法民终字第 01833 号判决、重庆市高级人民法院〔2015〕渝高法民申字第 00413 号裁定。

③ 参见杨建华等：《重叠（竞合）诉之合并与选择诉之合并》，载民事诉讼法研究基金会：《民事诉讼法之研讨（三）》，台湾三民书局 1990 年版，第 271 页。

并不相同。①

第二，在请求权竞合情况下，当事人虽然可以根据不同的实体请求权提出不同的诉讼请求，但当事人必须在不同的实体请求权间作出选择，这种选择可表现为两种形式：（1）起诉时选择其中的一个实体请求权，并以此为依据确定地提起某一诉讼请求；（2）根据相互竞合的实体请求权，同时提起不同的诉讼请求，但这些诉讼请求应有先后顺位，如果先位诉讼请求被认定为有理由，则不请求就后位诉讼请求为裁判，换言之，只有在先位诉讼请求被认定为无理由时，才能请求法院就后位诉讼请求为裁判。如果当事人根据不同的实体请求权"并列性"地提起多个诉讼请求，这应当是被禁止的，因为在"并列性"提起两个以上诉讼请求的情况下，诉讼请求始终无法确定，对方当事人无法进行抗辩，法院也无法作出裁判。② 退一步讲，就数个诉讼请求，即便对方当事人同时进行抗

---

① 通说观点认为，根据不同的实体请求权提出的诉之声明目的相同，因此在竞合合并的情况下只有单一诉之声明，这种认识是值得商榷的。虽然各诉之声明目的相同，但其依据并不相同，因此诉之声明本身亦有区别。

② 当事人"并列性"地提出两个以上诉讼请求，对诉讼请求不做先后顺位之分，并笼统要求法院合并审理，是很难得到法院支持的，实践中已经出现了这样的案例。在段某与某购物公司、某酿酒公司、某酒业供销公司产品责任纠纷系列案中，段某起诉请求称，某购物公司销售的涉案葡萄酒构成欺诈，应退一赔三；涉案商品不符合食品安全标准，应当赔偿十倍货款，两项合并诉讼请求为退一赔十（退货退款 199 元，赔偿十倍 1990 元）。一审法院以诉讼请求不明确为由裁定驳回了段某起诉。段某不服提起上诉，二审法院审理认为，《中华人民共和国民事诉讼法》第 119 条规定，起诉必须符合下列条件：……（三）有具体的诉讼请求和事实、理由。根据该条规定，当事人起诉必须有具体的诉讼请求，具体的诉讼请求也应当理解为明确的诉讼请求。就本案而言，段某可以选择以欺诈为由主张三倍赔偿，也可选择以不符合食品安全标准为由主张十倍赔偿。不同的请求权具有不同的权利内容、构成要件及举证责任等，两种诉讼请求所依据的法律适用条件不同。一审审理过程中，法院多次向段某进行法律释明，要求其明确选择诉讼请求。在此情况下，段某仍坚持三倍、十倍都主张，应当视为诉讼请求不明确。一审法院以诉讼请求不明确为由裁定驳回段某的起诉符合法律规定。具体案情参见南京市秦淮区人民法院〔2016〕苏 0104 民初 5871 号裁定、江苏省南京市中级人民法院〔2017〕苏 01 民终 2033 号裁定等系列文书。

辩，法院同时进行裁判，这也违背了"一事不再理原则"。所以说，请求权竞合时，如果当事人根据不同实体请求权提起多个诉讼请求，这些诉讼请求之间也应当区分顺位。正因为此，中村英郎教授直接将请求权竞合情况下的诉之合并（根据旧诉讼标的理论）归类为诉之客观预备合并。①

综上，依据传统的对诉之合并的分类视角，我们对传统的"四大类"诉之合并类型进行了辨析，在此基础上对合并诉讼请求的实际情形进行了梳理、提炼，概言之，本书认为，（1）传统的对诉之合并的分类中，无可争议的、可以独立成类的情形就是单纯的合并和预备的合并，以选择之债为内容的"诉之选择合并"，并非选择的合并，只是有牵连的单纯合并；以赔偿或代偿请求为内容的"诉之选择合并"与所谓诉之竞合合并本质上应归类为诉之预备合并。（2）依据新诉讼标的理论，传统意义上所谓诉之合并在多数情况下只是诉讼请求的合并，而不是诉讼标的之合并，只有在诉之单纯合并中有部分情形系真正意义上的诉之合并。本章后面的论述，均循此界定。

三、我国民诉法上的合并诉讼请求

我国现行民诉法第 52 条②规定，当事人一方或者双方为二人以上，其诉讼标的是共同的，或者诉讼标的是同一种类、人民法院认为可以合并审理并经当事人同意的，为共同诉讼。通说观点认为，共同诉讼是最典型的诉的主体的合并。③ 事实上，在共同诉讼中，既涉及诉讼主体的合并，也可能涉及诉讼请求的合并，共同诉讼与合并诉讼请求之间的关系需要具体分析。共同诉讼分为必要共同诉讼和普通共同诉讼，在必要共同诉讼中，诉讼标的是同一的，

---

① 参见［日］中村英郎：《新民事诉讼法讲义》，陈刚、林剑锋、郭美松译，法律出版社 2001 年版，第 125 页。

② 1991 年通过的民诉法、2007 年修正的民诉法第 53 条。

③ 参见李龙：《民事诉讼诉的合并问题探讨》，载《现代法学》2005 年第 2 期。

其诉是不可分之诉，[①] 其诉讼请求由于主体为复数而可能有多个，但这些诉讼请求在本质上是同一的，因此必要共同诉讼只是诉讼主体的合并，并不构成诉之合并，也不涉及诉讼请求的合并。在普通共同诉讼中，共同诉讼的诉讼标的是同一种类，共同诉讼由两个或两个以上的诉讼请求合成，[②] 因此普通共同诉讼不仅涉及诉的主体合并，同时涉及诉的客体合并。正因为如此，在分类上，普通共同诉讼被认为属于诉的混合合并。[③] 虽然普通共同诉讼有可能涉及诉讼请求合并，但其本质上仍系主体的合并而引发的诉之客体的合并，在大陆法系民诉法理论体系中通常将其归类为当事人问题范畴加以讨论。循此惯例，本书不对其进行专门讨论。

我国现行民诉法第 140 条规定，原告增加诉讼请求，被告提出反诉，第三人提出与本案有关的诉讼请求，可以合并审理。《适用民诉法司法解释》第 232 条[④]规定，在案件受理后，法庭辩论前，原告增加诉讼请求，被告提出反诉，第三人提出与本案有关的诉讼请求，可以合并审理的，法院应当合并审理。从类型上看，原告增加诉讼请求所引起的诉讼请求合并既可能是单纯合并，也可能是预备合并，而被告提出反诉以及第三人提出与本案有关的诉讼请求所引起的诉讼请求合并则既不属于单纯合并，也不属于预备合并。从民诉法理论体系角度看，本诉与反诉的合并以及第三人参加之诉与本诉的合并，系因诉的主体的合并而引起的诉之合并，[⑤] 与同一原告对同一被告提起的诉讼标的或诉讼请求之合并问题有所区别，前者本质上属于诉之主体合并，后者则属于诉之客体合并，因此大陆

---

① 参见江伟主编：《民事诉讼法》，高等教育出版社 2004 年版，第 115 页。

② 参见江伟主编：《民事诉讼法》，高等教育出版社 2004 年版，第 115 页。

③ 参见田平安主编：《民事诉讼法学》，中国检察出版社 2002 年版，第 149 页。

④ 与《适用民诉法意见》第 156 条内容相同。

⑤ 参见毕玉谦：《试论反诉制度的基本议题与调整思路》，载《法律科学》2006 年第 2 期。

法系民诉法理论往往将反诉制度作为独立的问题、将第三人制度归类为诉讼当事人问题分别加以研究。鉴于本书主旨重在对诉讼请求这一诉之客体问题进行研究，并遵循大陆法系民诉法学传统体例，本书亦不在诉讼请求合并一章对反诉问题以及第三人参加之诉问题作专门研讨。

第二节　诉讼请求之单纯合并

诉讼请求之单纯合并是指，同一原告向同一被告提起两个以上的诉讼请求，并要求法院对这些诉讼请求一并作出裁判。根据本章第一节分析，笔者以为，诉讼请求之单纯合并与诉讼请求之预备合并一道构成诉讼请求合并的两大基本类型。诉讼请求之单纯合并在实践中有多种不同情形，当事人在同一诉讼程序中合并提起多个不同的诉讼请求也有其要件限制，法院对合并诉讼请求的审理也应遵循一些基本规则，本节试对这些问题进行探讨。

一、诉讼请求单纯合并之具体情形

诉讼请求单纯合并主要有以下几类情形：

1. 原告基于租赁关系诉请被告返还租赁物，同时又基于买卖关系诉请被告给付价金。在这种情况下，当事人据以提起诉讼请求的实体请求权毫无关联，因此不仅仅存在诉讼请求合并，同时还存在诉讼标的之合并，并且这种合并是无牵连的单纯合并。

2. 在人身损害赔偿案件中，原告诉请被告赔偿医药费若干元，赔偿误工费若干元，赔偿护理费若干元。在这种情况下，当事人据以提出诉讼请求的实体请求权相同，但具体诉讼请求内容不同，因此仅存在诉讼请求的合并，不存在诉讼标的之合并，并且这种合并是有牵连的单纯合并，属于法律上有牵连的单纯合并。

3. 基于买卖合同关系，原告同时诉请被告给付买卖标的物及给付违约金。这种情况下，当事人据以提出诉讼请求的实体请求权不同，但其基础事实相同。根据旧诉讼标的理论，不仅存在诉讼请求合并，同时亦存在诉讼标的之合并；但根据新诉讼标的理论，则仅存在诉讼请求合并，不存在诉讼标的之合并。此种情形下的诉讼请求合并也是有牵连的单纯合并，其牵连是事实上的牵连。

4. 有牵连的诉讼请求单纯合并还有一种情形，就是此一诉讼请求之正当与否，影响彼一请求是否正当，亦即此一诉讼请求是彼一诉讼请求的先决问题。此时，对于此一诉讼请求之判决，于彼一诉讼请求具有中间判决之实质。例如原告起诉请求确认继承权，并同时请求分割遗产，则分割遗产之请求是否正当，应以继承权之有无为其先决问题。因原告就两诉讼请求在法律上有独立之目的，且均请求法院为判决，故仍为单纯之合并。① 上述第三种情形，如果当事人双方对合同效力发生争执，原告首先诉请对合同效力进行确认，则与此种情形下的诉讼请求合并有类似之处。

二、诉讼请求单纯合并之要件

诉讼请求单纯合并是诉讼请求合并最基本的形式，也应受一些基本要件限制，概而言之，包括以下四点：

（一）同一原告对同一被告在同一诉讼程序中有多项诉讼请求

既然为诉讼请求合并，就必须有同一原告对同一被告在同一诉讼程序中有多项诉讼请求，至于是否如原告之主张确有数个诉讼请求，则乃实体法上有无理由的问题，与合并程序无关。多项诉讼请求的实体权利依据未必均属于原告自己，比如，提起某项诉讼请求的实体权利依据虽属于第三人，但如果在实体法上得主张者，亦得与原告自己之权利于同一诉讼程序中主张之，例如原告诉请被告返还贷款，同时代位案外人对被告之买卖价金债权，合并提起支付价金的诉讼请求。②

（二）须受诉法院就该数项诉讼请求之一有管辖权

受诉法院就该数项诉讼请求之一有管辖权。同一原告向同一被

---

① 参见王甲乙、杨建华、郑健才：《民事诉讼法新论》，台湾三民书局1998年版，第259页。

② 参见王甲乙、杨建华、郑健才：《民事诉讼法新论》，台湾三民书局1998年版，第256页。

告提出数项诉讼请求时，受诉法院不必对此均有管辖权，但至少就其中一项诉讼请求须有管辖权。如果对该数项诉讼请求均无管辖权者，自无许其合并之理。① 至于其管辖权系由于法律本来之规定，或系由于当事人之合意约定，或系由于被告不为无管辖权之抗辩而生，则非所问。惟各种诉讼请求中，如有一项诉讼请求应由受诉法院以外之法院专属管辖者，该定有专属管辖的诉讼请求，不得与其他诉讼请求合并提起。②

（三）须数项诉讼请求得行同种之诉讼程序

诉讼程序有普通程序、简易程序及特别程序之分，而特别程序中又有多种程序之别，若合并提起的数项诉讼请求，不得行同种之诉讼程序，自无合并之利益，故不许合并提起。③ 从诉讼实践来看，这种禁止合并的情形主要限于普通程序与特别程序之间以及简易程序与特别程序之间，在简易程序与普通程序之间则不存在此限制。如果合并提起数个诉讼请求，有的适用简易程序，有的适用普通程序，应统一适用普通程序合并审理。

（四）一般情况下，须数项诉讼请求之间具有某种关联性

从理论上来看，无论是关于诉讼标的之合并，还是关于诉讼请求之合并，并没有特别强调合并提起的数个诉讼标的或诉讼请求有牵连关系，在单纯合并中无论是有牵连的单纯合并或无牵连的单纯合并，均无不可。④ 因此，学理上，有无牵连的单纯诉之合并型态

---

① 对此，我国现行民诉法及司法解释没有明确规定。诉讼实践中，有案例认为，合并数个诉讼请求审理，法院须就各诉讼请求均有管辖权，参见最高人民法院〔2011〕民二终字第42号裁定；但也有案例认为，合并数个诉讼请求审理，法院须就各诉讼请求之一具有管辖权即可，参见河南省三门峡市湖滨区人民法院〔2017〕豫1202民初3797号裁定。

② 参见王甲乙、杨建华、郑健才：《民事诉讼法新论》，台湾三民书局1998年版，第257页。

③ 参见王甲乙、杨建华、郑健才：《民事诉讼法新论》，台湾三民书局1998年版，第257页。

④ 参见杨建华：《问题研析民事诉讼法（三）》，台湾三民书局1998年版，第124页。

存在。但从诉讼实践来看，纯粹无牵连的诉讼请求合并几乎没有存在必要，从我国民诉法规定来看，当事人增加诉讼请求往往基于同一基础事实或同一诉讼标的，因此增加的诉讼请求与原先的诉讼请求也必然具有某种关联性。合并诉讼请求的理由不外乎基于便利诉讼推进、减少诉讼成本以及防止裁判矛盾等，这一点大概世界各国都是同样的。① 正因为此，在诉讼实践中当事人合并提起、法院予以合并审理的数个诉讼请求之间或多或少均会有一些联系。在法国民诉法上，要求合并的各诉讼请求所具有的联系须达到这样的程度，"将它们合并审理或判决具有正确司法之利益"。② 而是否具有"正确司法之利益"应当由法官作出判断，当事人可以提出关于诉讼请求合并或分离的申请，然后由法官决定。不管是决定诉讼请求合并还是分离，都属于法官的职权范围，这种决定是一种司法行政处分行为，当事人必须服从。③ 俄罗斯民诉法第 128 条亦规定，原告有权把若干个相互关联的诉讼请求合并在一个诉状内。接受诉状的法官如认为对诉讼请求进行分别审理更加适宜，则有权从已合并的诉讼请求中分离出一个或几个作为独立的诉讼。

三、诉讼请求单纯合并之审理与裁判

（一）关于程序要件的审查

在同一原告对同一被告提起多个诉讼请求的情况下，法院不仅要审查一般的起诉要件，如原、被告之当事人能力、诉讼能力有无欠缺、诉讼代理人是否合法、起诉状是否符合法定程式以及各诉讼

---

① 参见张卫平、陈刚编著：《法国民事诉讼法导论》，中国政法大学出版社 1997 年版，第 115 页。

② ［法］让·文森、塞尔日·金沙尔：《法国民事诉讼法要义（下）》，罗结珍译，中国法制出版社 2001 年版，第 1034 页。我国诉讼实践中，多个诉讼请求是否可以合并审理或有无合并审理必要，也属于法官职权裁量事项，相关案例可参见广东省中山市中级人民法院〔2015〕中法民一终字第 1611 号判决、沈阳市辽中区人民法院〔2017〕辽 0115 民初 5824 号判决。

③ 参见张卫平、陈刚编著：《法国民事诉讼法导论》，中国政法大学出版社 1997 年版，第 115 页。

请求的诉讼费用缴纳情况等一般要件。同时，应对诉讼请求合并之前述专门要件进行审查，经审查，如果多个诉讼请求的被告非同一人的，则应按主观的诉之合并处理；如果受诉法院对多个诉讼请求均无管辖权的，则应裁定将案件移送有管辖权的法院审理，或者其中某一诉讼请求专属于其他法院管辖的，亦应裁定将案件的这一请求移送具有专属管辖权的法院审理；如果多个诉讼请求，不得适用同种程序审理的，则应裁定命为分别辩论、分别裁判；① 如果认为各诉讼请求之间毫无关联，或者即便有关联，但合并审理会引起程序过于繁复且无合并审理之必要的，法院可依诉讼指挥权，为命分别辩论、分别裁判之裁定。②

（二）审理与裁判

从上述对诉讼请求单纯合并诸具体情形的分析，不难发现，实践中主要存在的应当是有牵连的诉讼请求单纯合并。即便有无牵连的诉讼请求单纯合并，其最终审理、裁判方式亦并无过多特别之处。对于无牵连的诉讼请求单纯合并，由于多数诉讼请求被置于同一诉讼程序中加以审理，因而针对所有诉讼请求的证据调查就可以共同地进行。当然，由于各诉讼请求是相互独立的，法院在认为必要时也可以分别进行审理，而且判决也可以分别作出。此外，在这种情况下，法院审理各诉讼请求的顺序也不是固定的。③ 对于有牵连的诉讼请求单纯合并也要作具体分析，本节所列举的第二种诉讼请求单纯合并，也即法律上有牵连的情形，由于各诉讼请求的产生系基于同一基础事实，并且其中某项诉讼请求亦非为其他诉讼请求的先决问题，因此这种情况下对合并诉讼请求的审理与裁判亦无过

---

① 参见王甲乙、杨建华、郑健才：《民事诉讼法新论》，台湾三民书局1998 年版，第 263 页。

② 参见王甲乙、杨建华、郑健才：《民事诉讼法新论》，台湾三民书局1998 年版，第 264 页。

③ 参见［日］中村英郎：《新民事诉讼法讲义》，陈刚、林剑锋、郭美松译，法律出版社 2001 年版，第 124 页。

多特别之处，原则上应当合并辩论、合并裁判。①

　　至于本节所列举的诉讼请求单纯合并的第三种、第四种情形，则是此处需要重点探讨的问题，在诉讼实践中，诉讼请求单纯合并中出现最多的情况就是确认之诉诉讼请求与给付之诉诉讼请求的合并，其中确认之诉诉讼请求要解决的问题是给付之诉诉讼请求的先决问题。例如，原告请求确认合同无效并请求判令赔偿损失，对此类诉讼请求合并，法院应当如何审理，如何裁判？就确认之诉诉讼请求与给付之诉诉讼请求应当合并为调查与辩论，这一点当无争议。但在合并审理的前提下，是否应当在判决主文中单独就合同效力问题给予回应，对此，目前我国诉讼实践中的认识比较模糊，做法也不一致。② 很多法院往往是支持了合同无效的主张，而不支持请求赔偿的主张，但判决主文只写驳回原告的诉讼请求，而将确认合同无效的司法判断写入了判决理由。根据傅郁林教授的归纳，这种做法至少存在以下几个方面的问题：③

　　第一，根据处分权原则和诉权保障原理，裁判主文应对当事人的每一项诉讼请求给予回应。对当事人而言，就先决争议提起确认之诉的诉讼请求，同时提起了给付之诉的诉讼请求，并要求法院对两诉讼请求合并审理。此时，给付之诉的诉讼请求不能当然涵盖确认之诉的诉讼请求。对两个诉讼请求都作出裁判于当事人具有不一

---

　　① 参见王甲乙、杨建华、郑健才：《民事诉讼法新论》，台湾三民书局1998年版，第264页。

　　② 在很多情况下，原告首先诉讼请求确认合同效力，在此基础上请求返还保证金或标的物等，可法院仅在裁判理由部分对合同效力予以阐述，但在判决主文中却未予以明确回应，具体案例可参见安徽省铜陵市中级人民法院〔2015〕铜中民三终字第000061号判决、河南省商丘市中级人民法院〔2018〕豫14民终5223号判决等；也有例外情况，如在佟某与丁某、某房地产开发公司项目转让合同纠纷案中，一审法院判决理由中认定合作协议无效，但判决主文中未予写明，二审法院确认合作协议有效并在判决主文中写明，具体案情参见内蒙古自治区呼伦贝尔市中级人民法院〔2017〕内07民终1092号判决。

　　③ 参见傅郁林：《先决问题与中间裁判》，载《中国法学》2008年第6期。

样的法律意义，将对确认之诉诉讼请求的判断作为给付之诉诉讼请求的裁判理由来对待，并不能完全满足当事人的诉讼目的。

第二，生效裁判的法律效力，除事实证明效力之外，还有权利确定效力，亦即该裁判会对当事人权利状态产生具有法律确定力的影响。权利确定效力与事实证明效力的区别在于：前者依附于裁判的判项，后者依附于裁判理由；前者涉及裁判所确认的权利状态，后者关涉裁判所依据的事实。例如，确认房屋买卖合同无效的判决，可以成为原权利人实现权利的依据；但如果将确认合同无效的内容写在判决理由部分，则权利人不能直接依此实现自身的权利。

第三，从技术上说，裁判主文应对应于当事人的诉讼请求，在裁判理由部分对确认之诉的诉讼请求进行回应，而在裁判主文部分对给付之诉的诉讼请求进行回应，可能会出现裁判理由与裁判主文相冲突的问题。仍以合同无效和请求赔偿两项诉讼请求为例，如果将确认合同无效的内容写在判决理由部分，将驳回诉讼请求的内容写在裁判主文部分，由于裁判仅将合同有效与否作为诉讼理由对待，按照裁判文书一般的写作规范，判决主文往往会简单地写做"驳回原告的诉讼请求"。若如此，裁判主文实际上将合同无效和赔偿损失两项诉讼请求一并驳回了。但裁判理由部分却又支持了合同无效的主张，则裁判理由与裁判主文是相互矛盾的。这种矛盾对于确定裁判文书的效力，包括事实证明效力和权利确定效力都是不利的。①

对于确认之诉诉讼请求与给付之诉诉讼请求的合并应如何对待，实践中须作具体的区分：（1）如果当事人未单独提出确认之诉的诉讼请求，有关先决事项的争议仅仅是由于被告的抗辩而产生的，则针对该事项所作的先行判决为中间判决，在终局判决中就此争议所作的判断应作为裁判理由，而非裁判主文。（2）如果当事人并行提出了确认之诉诉讼请求及给付之诉诉讼请求，则此时确认之诉的诉讼请求是独立的诉讼请求，如果在诉讼进行中就确认之诉

---

① 参见傅郁林：《先决问题与中间裁判》，载《中国法学》2008年第6期。

的诉讼请求先行判决，那么该判决为部分判决（其性质为终局判局），具有实质既判力；如果在诉讼程序终结时与给付之诉的诉讼请求一道作出最后的判决，则应在判决主文中单独裁判，不能只在裁判理由部分作出判断。①

第三节　诉讼请求之预备合并

诉讼请求之预备合并是诉讼请求合并的另一典型方式。诉讼请求预备合并突破了诉讼请求必须明确确定的一般原则，因此，其在合法性、主位备位诉讼请求之关系、审理裁判等问题上均存在较多争议，在具体程序问题上较诉讼请求之单纯合并亦更为复杂，本节拟对其涉及的主要问题逐一进行探讨。

一、诉讼请求预备合并之含义及其合法性

诉讼请求之预备合并，是指在同一诉讼程序中，同一原告对同一被告提起主位诉讼的同时，提起备位诉讼，在主位诉讼无理由的情况下，可就备位诉讼申请法院审判的诉讼合并形态。② 例如，在买卖合同纠纷中，若标的物所有权已移转于买方，此时双方就协议的效力或标的物是否有瑕疵产生争议，买方拒绝给付价金。卖方提起诉讼请求法院优先判决买方给付价金，如果给付买卖价金的请求被判无理由，则请求法院判令买方返还标的物。德国民事诉讼法学理论对诉讼请求之预备合并问题有较多研究，在德国民事诉讼法学历史上，是否承认诉讼请求预备合并之合法性，有一个从否定到肯定的发展过程。德国民事诉讼法旧学说对诉讼请求之预备合并持否定态度，其理由主要有两个，一是诉讼请求的预备合并破坏了诉讼

---

① 参见傅郁林：《先决问题与中间裁判》，载《中国法学》2008 年第 6 期。

② 参见刘田玉：《诉之预备合并的比较与借鉴》，载《环球法律评论》2004 年夏季号。

程序的安定性；二是造成被告不利的诉讼地位。旧学说认为，诉讼行为不得附条件，当事人一经提起诉讼则发生诉讼系属的法律效果，其不得将系属之效果任意往后延缓从而使诉讼程序处于不安定状态，① 另外，在通常诉讼中，原告起诉、法院受理案件后，被告针对原告诉讼请求有权要求法院为本案判决，以结束诉讼。因此，很多国家和地区民诉法均规定，如果被告已经对原告的诉请作出了答辩，就有权获得其应诉应得的诉讼成果。若允许原告提起备位诉讼，则在主位诉讼被确定为有理由的情况下，备位诉讼失去效力，这亦使得被告针对备位诉讼所作的诉辩归于无效。②

　　但在德国民事诉讼实务上，诉讼请求之预备合并通常均被默认为合法，德国法院关于该问题较早的判例认为，为防止主位诉讼请求被驳回而遭致败诉，而预备提起备位诉讼请求，备位诉讼请求合法。③ 1932 年，德国帝国法院迈出了更大步伐，其对相互之间无排斥关系的主位诉讼请求和备位诉讼请求作出了判决，该判决要旨为：即便多个诉讼请求之间无相互排斥之关系，原告也可以利用预备合并之诉提起诉讼主张。④ 今天，德国联邦最高法院关于诉讼请求预备合并之合法性问题，基本继受了帝国法院前述判例所持观点。德国在实务上之所以未采纳旧学说所持见解，其解释理由是，"诉讼行为之效果，因诉讼外之将来未定事实发生或不发生，致成为长久未定之状态。若诉讼行为所附之条件，系以诉讼内之将来未定事实为其内容，此际，该诉讼行为之法律效果，不致长久成为未定状态。所以诉讼行为附诉讼外将来未定事实为条件者，固应禁

① 参见陈荣宗：《举证责任分配与民事程序法（第二册）》，台湾大学法学丛书编辑委员会编辑 1984 年版，第 110 页。
② 参见刘田玉：《诉之预备合并的比较与借鉴》，载《环球法律评论》2004 年夏季号。
③ 参见陈荣宗：《举证责任分配与民事程序法（第二册）》，台湾大学法学丛书编辑委员会编辑 1984 年版，第 112 页。
④ 参见陈荣宗：《举证责任分配与民事程序法（第二册）》，台湾大学法学丛书编辑委员会编辑 1984 年版，第 113 页。

止，但若所附者系诉讼内将来未定事实为条件者，不在禁止之列也"。① 诉讼请求之预备合并，原告提起主位诉讼请求自始未附有条件，虽然备位诉讼请求以主位诉讼请求之判决结果为条件，但备位诉讼请求所附之条件，系以诉讼内将来未定之事实为条件，不至使诉讼长久处于不确定状态。因此，法律上对诉讼请求之预备合并并无加以禁止之理由。在日本，现今民事诉讼法学理论也承认诉讼请求预备合并的合法性。② 我国台湾地区民事诉讼法学者认为，在下列三种情形下，有诉讼请求预备合并之必要，"一是事实不明者；二是举证困难者；三是判断不明者"。③ 在这几类情况下，原告对案件事实经过，对依这些事实所产生的法律效力等问题，在起诉时很可能还不甚清楚。究竟应以甲诉讼请求提起诉讼，还是以乙诉讼请求提起诉讼，一时难以作出明确判断。如果待到事实查清楚后再行起诉，则很可能又会耽误期限，超过诉讼时效，故允许提起预备合并之诉，不仅有利于原告诉讼方便，客观上也有利于实现诉讼经济原则。

综上，笔者以为，应当承认诉讼请求预备合并之合法性。在诉讼请求预备合并情况下，备位诉讼请求所附条件并不会长时间处于不确定状态，并且如果能在程序上作出较为妥当安排，诉讼请求预备合并亦不至于令被告处于不利的诉讼地位。如果承认诉讼请求预备合并的合法性，在因对案件事实、事态把握不准或请求权竞合导致数个诉讼请求难以抉择的情况下，允许当事人在同一诉讼程序中先、后位提起不同诉讼请求，不仅有利于妥适保护当事人实体权

① 参见陈荣宗：《举证责任分配与民事程序法（第二册）》，台湾大学法学丛书编辑委员会编辑 1984 年版，第 114 页。
② 参见［日］中村英郎：《新民事诉讼法讲义》，陈刚、林剑锋、郭美松译，法律出版社 2001 年版，第 125 页。
③ 参见王甲乙、杨建华、郑健才：《民事诉讼法新论》，台湾三民书局2002 年版，第 263 页。

益，还可以避免当事人因同一事实纠纷反复诉讼。①

二、主位诉讼请求与备位诉讼请求之关系

就诉讼请求预备合并而言，主位诉讼请求与备位诉讼请求相互之间是否以相互排斥不能相容为必要，理论上有不同认识。陈荣宗教授认为，主位诉讼请求与备位诉讼请求之间不以相互排斥不能相容为必要，即便主位诉讼请求与备位诉讼请求之间没有任何关系，只要在程序上能够利用同一种类的程序，不违反管辖规定的情形，就可由原告利用同一诉讼程序合并提起主位诉讼请求和备位诉讼请求。② 其理由是，既然理论上认为诉讼请求单纯合并时，各诉讼请求可以不必有任何关联，那么诉讼请求预备合并时，主位诉讼请求与备位诉讼请求亦可不必有任何关联，是否合并提起主位诉讼请求和备位诉讼请求可由原告自主决定。③ 多数观点则认为，在诉讼请求预备合并情况下，主位诉讼请求与备位诉讼请求必须要有关联性，且两者之间须相互排斥不能相容。理由是，诉讼请求之预备合并，是一般诉讼的例外规定，诉讼程序在原则上应力求安定，诉之声明应明确而一定，如诉之声明不明确，或附停止条件、解除条件，于某一事实发生时即请求法院判决，某一事实不发生时则不请求法院判决，不管是附解除条件或停止条件，均有碍诉讼程序安定，在诉讼程序上原为不应准许。但诉讼请求之预备合并，则为不

---

①　虽然我国现行民诉法及司法解释未明确肯定或否定诉讼请求之预备合并，但诉讼实践中对诉讼请求预备合并多持肯定态度。相关案例可参见北京市高级人民法院〔2013〕高民终字第 1164 号判决、浙江省湖州市中级人民法院〔2014〕浙湖商终字第 185 号判决等，在这两个案件中，原告首先诉请被告继续履行合同，同时诉请在被告履行不能、解除合同的情况下，判令被告赔偿损失、支付单方解除合同违约金。

②　参见杨建华等：《预备诉之合并在实务上值得研讨的几个问题》，载民事诉讼法研究基金会：《民事诉讼法之研讨（一）》，台湾三民书局 1986 年版，第 185 页。

③　参见杨建华等：《预备诉之合并在实务上值得研讨的几个问题》，载民事诉讼法研究基金会：《民事诉讼法之研讨（一）》，台湾三民书局 1986 年版，第 186 页。

得附条件之例外，此项例外，是基于诉讼经济之原则，因此，若先后位之声明无任何关联性，在实务上实无承认之必要。就整个民诉法精神，先后位之声明，应以相互排斥为必要，即先后位声明不得同时成立，后位声明只是先位声明的补充或替补。①

辨析主位诉讼请求与备位诉讼请求之关系关键在于如何界定诉讼请求预备合并及其价值。一方面，鉴于本书认为请求权竞合引起的诉讼请求合并本质上也属于诉讼请求预备合并，诉讼请求预备合并主要包括两种情形，一是原告依据同一实体法律关系将"互不相容又互相补位"的数个诉讼请求加以合并主张的情形，② 如以赔偿或代偿请求为内容的诉讼请求的合并；二是请求权竞合时，原告依据不同的实体法律关系先、后位合并提起数个诉讼请求。③ 其中，第一种情形下，不同的诉讼请求相互排斥、互不相容，并且后位的诉讼请求只是先位诉讼请求的补充或替补；第二种情形下，不同的诉讼请求之间实质上是一种并列关系，可能有的成立、有的不成立，也有可能同时成立、同时不成立，不一定相互排斥、互不相容，只是原告在提起诉讼时必须就不同的诉讼请求确定顺位、区分主次，不得要求法院同时就不同的诉讼请求均为裁判，只有在先位诉讼请求不成立时，才能请求法院就后位诉讼请求为裁判。另一方面，从诉讼请求预备合并的价值来看，如果主位诉讼请求与备位诉讼请求毫无关联，则主、备位诉讼请求之合并就没有任何意义。这

---

①　参见杨建华等：《预备诉之合并在实务上值得研讨的几个问题》，载民事诉讼法研究基金会：《民事诉讼法之研讨（一）》，台湾三民书局 1986年版，第 178～179 页。

②　事实上，关于诉之预备合并的狭义概念（通说观点）仅包括该种情形下的合并，正因为此，有观点认为请求权竞合引起的诉之预备合并只是"类似的预备合并"，参见杨建华等：《重叠（竞合）诉之合并与选择诉之合并》，载民事诉讼法研究基金会：《民事诉讼法之研讨（三）》，台湾三民书局 1990 年版，第 271 页。

③　如前文所述，中村英郎教授（根据旧诉讼标的理论）亦将此类情形直接归类为"诉之客观预备合并"。参见［日］中村英郎：《新民事诉讼法讲义》，陈刚、林剑锋、郭美松译，法律出版社 2001 年版，第 125 页。

一点甚至与诉讼请求之单纯合并亦有较大区别,在单纯合并情况下,多个诉讼请求之间没有联系并不会影响诉讼请求的确定性,因此其即便不能对提升诉讼效率有所助益,但也不至于妨碍诉讼程序的推进;在预备合并情况下则不然,备位诉讼请求附条件当然会带来一定的不确定性,而且也会相应导致诉讼程序的延迟,如果其与主位诉讼请求毫无关联,则实在没有备位提出的理由和必要。据此,本书认为,主位诉讼请求与备位诉讼请求之间应当具有一定关联性,这种关联性或者是基于同一基础事实、同一实体法律关系,或者是基于同一基础事实、不同的实体法律关系。但主位诉讼请求与备位诉讼请求不必相互排斥、互不相容。

三、主位诉讼请求与备位诉讼请求之审理与裁判

就诉讼请求预备合并而言,法院应否就主位诉讼请求与备位诉讼请求同时组织辩论,或是应俟主位诉讼请求被认定为无理由时,始就备位诉讼请求组织辩论?这是实务上就诉讼请求预备合并如何审理所必须面对的问题。对此,理论上亦有不同认识。有观点认为,法院应按照原告诉讼请求的顺序依次审判,亦即,法院应就主位诉讼请求先为审判,必须认为主位诉讼请求无理由时,方能就备位诉讼请求为"调查裁判"。[1] 但反对的观点认为,主位诉讼请求与备位诉讼请求不应该分开辩论、分开审理,如果认为主位诉讼请求不合法或无理由,才能就备位诉讼请求审理,有其事实上的困难。[2] 除因主位之诉不合法被裁定驳回起诉之情形外,主位诉讼请求有无理由必须于判决生效后才能知悉,尤其是在合议审判,有无理由须经评议程序,不能以法官的个人内心意思认为其为无理由,即就备位诉讼请求为辩论。如果法官个人认为主位诉讼请求无理

---

① 吴明轩:《民事诉讼法》,台湾五南图书出版公司1983年版,第133页。

② 参见杨建华等:《预备诉之合并在实务上值得研讨的几个问题》,载民事诉讼法研究基金会:《民事诉讼法之研讨(一)》,台湾三民书局1986年版,第180页。

由，即可就备位诉讼请求组织双方为辩论，则等于主位诉讼请求尚未宣誓裁判，即已告知当事人裁判结果，这显然违背基本的诉讼程序规则。如果俟主位诉讼请求之裁判效力确定后，法院始得组织双方当事人就备位诉讼请求为辩论，则法院对主位诉讼请求宣判后，当事人可上诉甚至申请再审，可能主位诉讼请求已上诉至高级法院或最高法院，而备位诉讼请求仍留在地方法院，果真如此，则诉讼请求预备合并将完全失去诉讼经济之价值。①

笔者以为，主位诉讼请求无理由是后位诉讼请求之判决条件，而非后位诉讼请求之审理条件，在诉讼请求预备合并情况下，法院应当就主位诉讼请求与备位诉讼请求同时为调查，同时为辩论。之所以如此，是因为主位诉讼请求与备位诉讼请求之事实关系具有一定共通性，同时为辩论、同时为调查有利于证据的共通利用，避免事实认定之矛盾，符合诉讼经济原则。如果要待主位诉讼请求被认定为无理由，方能就备位诉讼请求为调查与辩论，那么，这种认定无理由显然不能仅是主审法官内心确信无理由，而必须是生效裁判确定无理由。如果要待主位诉讼请求被生效裁判确定为无理由，法院才能就备位诉讼请求组织调查并为辩论，这无异于是一种分别审理，偏离了诉讼请求预备合并的初衷，合并审理的经济性、效益性将无从体现。因此，在调查与辩论事项上，法院应当就主位诉讼请求与备位诉讼请求同时进行；在合议与最终作出裁判事项上，法院应当先就主位诉讼请求进行合议与裁判，待主位诉讼请求经生效裁判确定为无理由时，才可再就备位诉讼请求为合议与裁判。

四、法院裁判及当事人上诉之效力

在诉讼请求预备合并情况下，以主位诉讼请求合法并有理由，为备位诉讼请求之解除条件，主位诉讼请求不合法或无理由为备位诉讼请求之停止条件。但在实践中，解除条件于何时能够成就，是

---

① 参见杨建华等：《预备诉之合并在实务上值得研讨的几个问题》，载民事诉讼法研究基金会：《民事诉讼法之研讨（一）》，台湾三民书局 1986 年版，第 180 页。

第一审判决时，亦或是判决确定时？对此，理论上有三种不同观点：（1）备位之诉讼请求已因主位之诉讼请求在第一审判决认定为有理由，诉讼系属即时消灭；（2）主位之诉讼请求在第一审判决有理由，如果被告就判决提起上诉，备位之诉讼请求仍系属于第一审法院；（3）主位之诉讼请求在第一审判决有理由，如果被告就判决提起上诉，备位之诉讼请求应随同主位之诉讼请求同时系属于第二审法院，第二审法院得因第一审原告（被上诉人）之请求就主备位之诉讼请求合并辩论，于主位诉讼请求无理由时，一并对备位诉讼请求作出裁判。① 上述三种观点，第一种观点殊难成立。主位诉讼请求有理由，为备位诉讼请求之解除条件，其解除条件应以认定主位诉讼请求之判决确定时始能成立，故仅仅是第一审就主位之诉讼请求为原告胜诉判决，判决尚未确定之前，备位之诉讼请求应当认为并未消灭。"如谓原告先位诉讼请求胜诉，后位诉讼请求归于消灭，无异于授权第一审法院否定预备声明制度之权限，显与理论上承认预备声明制度之目的有违。"②

德国、日本的判例和学说认为，被告对第一审法院针对主位诉讼请求所为判决声明不服，提起上诉，上级法院认为主位诉讼请求无理之场合，必须同时就备位诉讼请求为判决。③ 持该观点主要有以下几点理由：第一，备位诉讼请求附随于主位诉讼请求而存在，具有一体性，被告针对主位诉讼请求之判决提起上诉，备位诉讼请求当然移审于上级法院；第二，一审法院虽未曾就预备诉讼请求为判决，有损害原告审级利益之虞，但由于主位诉讼请求与备位诉讼请求之事实关系有共通情形存在，即使上级法院直接对备位诉讼请求直接为审判时，亦无不妥当情形；第三，德、日民诉法均承

---

① 参见杨建华：《问题研析民事诉讼法（一）》，台湾三民书局1996年版，第228页。

② 杨建华等：《预备诉之合并在实务上值得研讨的几个问题》，载民事诉讼法研究基金会：《民事诉讼法之研讨（一）》，台湾三民书局1986年版，第191页。

③ 参见陈荣宗：《举证责任分配与民事程序法（第二册）》，台湾大学法学丛书编辑委员会编辑，1984年版，第123页。

认当事人在二审法院可以有条件地变更诉讼请求，上诉法院直接就备位诉讼请求进行裁判，类似于审理当事人变更后的诉讼请求。①反对的观点认为，即便被告对第一审法院针对主位诉讼请求所为判决声明不服，备位之诉讼请求仍系属于第一审法院。其理由是：第一，备位诉讼请求未经一审法院判决，不得自行移审于上级法院，上级法院仅得就一审法院所判决之诉讼请求为审判；第二，上级法院直接就备位诉讼请求为审判损害了原告的审级利益；第三，诉讼请求预备合并的情形不能与诉讼请求变更等量齐观，诉讼请求变更必须原告在上级法院自己有变更诉讼请求的请求，仅凭被告一造对主位诉讼请求之裁判声明不服，无法使原告未上诉之预备诉讼请求变更为上诉法院审理之对象。②

笔者以为，一审法院判决主位诉讼请求有理由，被告对此提起上诉，备位诉讼请求应附随移审于上级法院。主要理由是，第一，主位诉讼请求与备位诉讼请求有一定关联性。从本书对诉讼请求预备合并的界定来看，诉讼请求预备合并主要包括两大类，一是"互不相容又互相补位"的诉讼请求的预备合并，二是请求权竞合引起的诉讼请求预备合并。前一类预备合并，备位诉讼请求完全附随于主位诉讼请求，两者在事实认定、法律适用以及对当事人的实际影响等方面均具有一体性，后一类预备合并，备位诉讼请求于主位诉讼请求而言相对有一定独立性③，但其请求基础事实亦具有共通性，若一审法院依职权裁量允许合并审理，则合并审理在便利诉讼、保障实体公正等方面必然有独特价值，那么这种合并就不仅应贯穿于一审程序，同时应贯穿于二审程序。第二，由于主位诉讼请求与备位诉讼请求在基础事实甚至法律适用方面具有共通性，并且一审法院合并审理时，应就两者同时组织调查与辩论，只是在最终

---

①　参见陈荣宗：《举证责任分配与民事程序法（第二册）》，台湾大学法学丛书编辑委员会编辑 1984 年版，第 124 页。

②　参见陈荣宗：《举证责任分配与民事程序法（第二册）》，台湾大学法学丛书编辑委员会编辑 1984 年版，第 125 页。

③　也正因为此，其合并的必要性和价值相对于"以代偿请求为内容的预备合并"要弱。

裁判时仅就主位请求进行了裁判、对备位请求未作裁判，因此，实质而言，当事人涉及主位诉讼请求及备位诉讼请求的相关程序性权利都已得到相应保障，二审法院继续合并审理并裁判不存在损害当事人审级利益的问题。第三，从审判实践来看，如果主位诉讼请求因上诉已移审于上级法院，备位诉讼请求尚系属于原审法院，这于法院、于当事人都是极大的不便，不利于诉讼程序推进，不利于避免实体冲突，诉讼请求预备合并的意义将荡然无存。

第六章　漏判诉讼请求及其补救

第一节　漏判诉讼请求概述

根据处分原则要求，法院裁判应当针对当事人的诉讼请求而为之，既不得超出诉讼请求范围，亦不得遗漏已经提出的诉讼请求。超出诉讼请求为裁判或者漏判诉讼请求虽不是普遍现象，但其在诉讼实践中客观存在。诚如勒内·弗洛里奥所言："公正的审判不是容易的事情，许多外界因素会欺骗那些最认真、最审慎的法官。"① 针对漏判诉讼请求问题，大陆法系民诉法上有专门的补充判决制度，我国民诉法及司法解释则规定，法院裁判遗漏当事人诉讼请求的，当事人可以上诉或申请再审。与大陆法系民诉法上补充判决制度相较，我国民诉法及司法解释规定的漏判诉讼请求救济制度显得过于简略。那么，我国民诉法及司法解释规定的漏判诉讼请求救济制度具体有什么欠缺？大陆法系民诉法上的补充判决制度可否借鉴，对我们有无启示？这需要我们对漏判诉讼请求的内涵、特点以及补充判决的功能及制度内容等作具体分析。

一、漏判诉讼请求之概念辨析

漏判诉讼请求，是指对于当事人提出的诉讼请求，法院在判决时将其一部或全部遗漏，未作判决之意思表示。漏判诉讼请求在单

———————

① ［法］勒内·弗洛里奥：《错案》，法律出版社 1984 年版，第 2 页。转引自赵泽君：《民事裁判遗漏的补充判决制度》，载《政法论坛》2008 年第 5 期。

一之诉及复合型态之诉中皆有可能存在，在单一之诉中，漏判诉讼请求具体表现为法院对部分诉讼请求未作判断，在复合型态之诉中，漏判诉讼请求具体表现为法院对合并审理的数个诉讼请求之一未作判断。一般情况下，如果诉讼请求为单一，受诉法院只要针对该项诉讼请求作出判决主文，即穷尽了所有应判决之事项，漏判诉讼请求的情形并不多见。但在诉讼请求为多数的情况下，根据民事诉讼之法理，受诉法院须对当事人提起的全部诉讼请求作出判断方可谓裁判事项已尽，如果遗漏其中之一，即构成漏判诉讼请求。因此，在民事审判实践中，漏判诉讼请求多半存在于诉讼请求为多数的场合。①

（一）漏判诉讼请求与裁判脱漏

大陆法系民诉法有裁判脱漏的概念，漏判诉讼请求与裁判脱漏密切关联，但两者有细微差别。所谓裁判脱漏具体是指"法院就应为裁判之事项，②漏未裁判而言"。③广义而言，"其不仅指受诉法院就当事人所提之诉讼请求未作出实体判断，尚包括受诉法院就当事人如何负担本案之诉讼费用漏未判决这种情形。"④但在通常意义上，判决仅指受诉法院在当事人提起的诉讼请求范围之内作判断的意思表示，法院对案件诉讼费用的裁判虽然与对诉讼请求的判断一道构成判决主文之内容，但对诉讼费用的裁判本质上属于法院

---

①　参见占善刚、阮志勇：《漏判及其救济刍议》，载《海南大学学报（人文社会科学版）》2007 年第 4 期。

②　对于不属于法院裁判范围之事项，即便当事人提起诉讼请求，法院未作裁判，亦不应认定为漏判诉讼请求。在李某诉某酒店有限公司劳动争议纠纷案中，李某诉讼请求之一是判令某酒店有限公司为其补缴社会保险，鉴于该项诉讼请求不属于法院受理劳动争议案件的范围，一、二审法院对此均未予裁判。李某以一审、二审漏判诉讼请求为由，申请再审，再审法院认定此情形不属于漏判诉讼请求。案情参见湖北省高级人民法院〔2015〕鄂民申字第 01415 号裁定。

③　范光群等：《裁判的脱漏》，载民事诉讼法研究基金会：《民事诉讼法之研讨（二）》，台湾三民书局 1990 年版，第 377 页。

④　占善刚、阮志勇：《漏判及其救济刍议》，载《海南大学学报（人文社会科学版）》2007 年第 4 期。

依照职权予以判断的事项，并且当事人不得单独因对诉讼费用裁判的不服而向上级法院提起上诉。故严格意义上的漏判仅指对诉讼请求的遗漏，而不包括对诉讼费用之漏判。① 综上所述，漏判诉讼请求是裁判脱漏的典型情形，但并不等于裁判脱漏，裁判脱漏指涉较漏判诉讼请求要略为宽泛。

(二) 漏判诉讼请求与裁判表述错误

裁判表述错误是指裁判实质内容正确，但具体表述出现明显差错，它是裁判文书记载的内容未能准确反映裁判者真实意思所产生的技术性错误。裁判表述错误与漏判诉讼请求都属于裁判错误问题，都是因为裁判者疏误而产生的不完整裁判。但裁判表述错误与漏判诉讼请求又有着本质区别，这种区别主要表现在以下三个方面：首先，裁判表述错误前提是裁判者已经对案件进行了审理和裁判，只是在具体表述时因疏忽大意未能准确表达裁判者的真实意思，从而导致裁判者的正确意思与裁判文书所表示的意思不相同的情况。漏判诉讼请求则是法院在案件审理过程中，由于自身疏忽，只对当事人提出的部分诉讼请求作出了裁判。因此，裁判表述错误错在未能正确表达裁判者的真实意思，漏判诉讼请求则错在未对应当裁判的事项进行审理和裁判，概言之，裁判表述错误只是形式上的错误，但漏判诉讼请求则是实质意义上的错误。② 其次，裁判表述错误的基础是裁判者对案件作出了正确的审理和裁判，案件在事实认定、法律适用以及诉讼程序方面没有错误，仅仅是在表述裁判内容时，由于表述者的错误，使得表现出来的裁判结果出现了偏差，如果裁判内容本身是错误的，那就谈不上裁判表述错误问题。漏判诉讼请求则不然，就遗漏部分的诉讼请求而言，裁判者根本就未对此作出裁判，也因此更谈不上裁判对与错的问题。最后，裁判表述错误是裁判文书的内容违背了裁判者真实意思的显著性错误，

① 占善刚、阮志勇：《漏判及其救济刍议》，载《海南大学学报（人文社会科学版）》2007年第4期。

② 参见胡夏冰：《裁判表述错误及其补正》，载《法律适用》2009年第10期。

这种错误通过裁判文书所表述的内容可以直接感知和辨别，无须另行开庭审理或裁判就可以被发现和认知，因此其通过裁定即可补正。漏判诉讼请求则不同，有时仅凭裁判文书本身并不能直接识别，可能需要结合案件审理的其他资料如起诉状、庭审笔录等才能认定，并且对遗漏的诉讼请求必须要有补充判决，而不能仅以裁定方式进行救济，对于遗漏的诉讼请求如果尚未开庭审理的，尚需补充开庭审理。

二、漏判诉讼请求之判断与识别

"由于民事判决属要式诉讼行为，因此，受诉法院在作出民事判决时应当采用书面形式，也即须制作民事判决书。而要判断法院在判决时有无意思表示之存在，其根据就是民事判决书所记载之内容。从各国和地区民诉法关于民事判决书应记载之事项的规定来看，受诉法院所制作的民事判决书基本上由主文、理由、事实三大部分构成。"[1] 又由于 "民事判决书之主文是受诉法院对当事人所提之诉讼请求是否有理由之直接判断，而民事判决书之理由是受诉法院关于诉讼标的之判断所赖以支撑的依据与心证根据。民事判决书之主文与理由均系法院就诉讼事件所为判断之意思表示。而民事判决书之事实项下所记载的仅属当事人所主张的攻击防御方法，而非法院所为判断之意思表示"。[2] 因此学者多主张，"判决有无漏未裁判，应就主文或理由来考量"。[3] 亦即，只要民事判决书之主文或理由两者之一已有关于诉讼请求判断之记载，则可认为法院已有判决之意思表示存在，不构成漏判诉讼请求。对此，理论上鲜有异议，但笔者认为此观点值得进一步研究。

---

　①　占善刚：《我国民事判决脱漏应然救济途径之探究》，载《法商研究》2009 年第 3 期。

　②　陈荣宗、林庆苗：《民事诉讼法（中）》，台湾三民书局 2006 年版，第 588、590 页。转引自占善刚：《我国民事判决脱漏应然救济途径之探究》，载《法商研究》2009 年第 3 期。

　③　范光群等：《裁判的脱漏》，载民事诉讼法研究基金会：《民事诉讼法之研讨（二）》，台湾三民书局 1990 年版，第 398 页。

就当事人所提之诉讼请求，如果判决主文与判决理由中均未作明确判断，通常情况下当属漏判诉讼请求，这一点自无疑义。① 就当事人所提之诉讼请求，如果判决理由中未作明确判断，而是在判决主文中直接作出判断，这属于判决事实依据不足或适用法律不明的情况，不属于漏判诉讼请求问题，当事人可通过上诉或申诉获取救济。就当事人所提之诉讼请求，如果判决理由作出判断，而判决主文中对此只字未提，例如，判决理由部分已经认定"代扣款协议"无效，被告代扣款的行为违法，但主文部分却并未判决要求被告将代扣金额返还给原告，② 这种情况属于裁判表述错误还是漏判诉讼请求，理论上有不同认识。多数观点认为，这属于裁判表述错误，以裁定补正即可，③ 也有观点认为，这既属于漏判诉讼请求，又属于裁判表述错误。④ 笔者以为，通常情况下这属于裁判表述错误，以裁定补正即可。但有时，在判决理由对诉讼请求作出判断的情况下，判决主文遗漏了相应判断，这并不必然是一种"显然易见"的错误，造成这种状况的原因与普通的"误写"、"误算"或其他笔误有可能不同。因为，文书上所载的判决理由中关于当事人诉讼请求的判断极有

---

① 实践中有案例颇值得研究。在宋某与阚某离婚纠纷案中，原告请求离婚，同时请求确认夫妻关系存续期间共同债务，在一审判决理由部分一句话阐述"原被告共同生活期间所欠的债务，不予处理"，一审法院判决准予离婚，但判决主文中对确认共同债务的诉讼请求未予提及。原告上诉认为，一审法院漏判要求确认共同债务的诉讼请求，二审法院认为，原审判决没有对夫妻关系存续期间的共同债务进行处置，是因为夫妻共同债务涉及债权人的利益，上诉人的该项主张可待债权人请求时，另案处理。故上诉人漏判诉讼请求的主张，二审法院未予支持。参见河北省秦皇岛市中级人民法院〔2013〕秦民终字第 1415 号判决。

② 案例请参见湖北省孝感市大悟县人民法院〔2003〕悟民初字第 340 号民事判决。

③ 参见范光群：《民事程序法之问题及发展》，新学林出版股份有限公司 2007 年版，第 97 页。

④ 参见范光群等：《裁判的脱漏》，载民事诉讼法研究基金会：《民事诉讼法之研讨（二）》，台湾三民书局 1990 年版，第 378 页。

可能是一种"不完整"的判断。以上述案例为例，判决理由部分确认了"代扣款协议"无效，而主文部分并未判决要求被告将代扣金额返还给原告，这有可能是笔误造成的，但也可能是其他原因导致：即便"代扣款协议无效"，但被告亦无须将代扣金额返还给原告，而承办法官恰恰是在判决理由部分未对被告无须返还代扣金额的原因进行说明。此时，判决主文中未对原告返还代扣金额的诉请进行判断即构成漏判。综上，笔者以为，如果判决主文未对当事人的诉讼请求进行判断，即便"判决理由"作出了判断，同样可能构成漏判，是否构成漏判诉讼请求不仅仅要以裁判文书中的"主文或理由"为依据进行识别，有时还应辅以案件其他诉讼资料进行判断。①

漏判诉讼请求，顾名思义，应当是对当事人所提诉讼请求的遗漏，理论上一般认为"对于攻击防御方法之漏未审酌及判断，只生上诉或再审救济之问题，不属裁判脱漏之范围，不得为补充判决"。② 但有些情况下，对攻击防御方法的遗漏虽然不能直接称之为漏判诉讼请求，但是客观上却会造成与漏判诉讼请求相同的后果。比如，以对待债权主张抵销抗辩时，根据民诉法基本理论，抵

---

① 诉讼实践中，我国法院对是否构成漏判诉讼请求也是综合判决主文、理由、事实认定以及判决结果对当事人实体权益影响等各方面进行判定。(1) 有些情况下，对原告诉讼请求，原审在判决理由部分予以阐述并支持，但在判决主文中未予提及，被二审或再审判定为漏判诉讼请求，参见广东省吴川市人民法院〔2014〕湛吴法审监民再字第 4 号判决、浙江省嘉兴市中级人民法院〔2017〕浙 04 民终 2725 号判决等；(2) 有些情况下，对原告诉讼请求，原审在判决理由中予以阐述并表示支持或否定，但在判决主文中未予提及，二审并未判定为漏判诉讼请求，参见安徽省铜陵市中级人民法院〔2015〕铜中民三终字第 000061 号判决、山东省临沂市中级人民法院〔2017〕鲁 13 民终 1738 号判决、安徽省铜陵市中级人民法院〔2017〕皖 07 民终 62 号判决、河南省商丘市中级人民法院〔2018〕豫 14 民终 5223 号判决、湖南省株洲市中级人民法院〔2017〕湘 02 民终 1347 号判决等。

② 范光群等：《裁判的脱漏》，载民事诉讼法研究基金会：《民事诉讼法之研讨（二）》，台湾三民书局 1990 年版，第 378 页。

消抗辩虽属攻击防御方法，但关于该抗辩的判断却会产生既判力。德国民诉法第 302 条就规定："被告主张以其反对债权与原告在诉讼中所主张的债权相抵销，而反对债权与债权并无法律上的牵连关系时，如果只有关于债权的辩论达到裁判的程度，可以保留关于抵销的裁判，而只对债权进行裁判。如果判决中没有说明保留，可以依照第 321 条的规定申请作补充判决。""所以，由德国民事诉讼法第 302 条得知，假如对抵销抗辩未予保留判决，照样可声请补充判决，也就是说，依德国法并不是攻击防御方法皆不可声请补充判决。惟对待请求有法律上牵连者，则不得声请补充判决，仅得以上诉声明不服。"①

三、漏判诉讼请求与诉讼请求的可分性

"补充判决性质上为一部判决，故必脱漏之部分，性质上得为一部判决者，始得补充判决。"② 脱漏之部分性质上得为一部判决的前提是，诉讼请求具有可分性，如果当事人所提诉讼请求不可分，而法院竟只对其中部分诉讼请求作出了判决，这种判决不能称其为一部判决，而是一种有瑕疵的全部判决，对其救济也只能适用上诉或申诉的方法。诉讼请求具有可分性在诉讼实践中主要有以下两种表征：一是诉讼请求在数量上可分，如以金钱或其他替代物等在数量上可分之给付内容为依据提起的诉讼请求，法院仅就其中部分请求作出了裁判，而对其余部分漏未裁判③；二是诉讼请求在事项上可分，即当事人在同一诉讼中提出了复数形态的诉讼请求，法院仅就其中某一或某几个诉讼请求作出了裁判，而对其他诉讼请求

---

① 范光群等：《裁判的脱漏》，载民事诉讼法研究基金会：《民事诉讼法之研讨（二）》，台湾三民书局 1990 年版，第 405 页。

② 范光群等：《裁判的脱漏》，载民事诉讼法研究基金会：《民事诉讼法之研讨（二）》，台湾三民书局 1990 年版，第 379 页。

③ 该情形案例可参见河北省邯郸市中级人民法院（2018）冀 04 民终 386 号判决、湖南省永州市中级人民法院（2017）湘 11 民终 1020 号判决等。

漏未裁判①，例如原告诉请被告支付本金与利息，法院仅对本金债权作了判决，而对利息债权未作判断，又如在人身损害赔偿案件中，原告诉请被告赔偿医药费若干元、误工费若干元以及护理费若干元，法院仅对医药费和误工费作出判断，对护理费漏未裁判，再如在本诉诉讼请求与反诉诉讼请求并存的情况下，漏判了反诉诉讼请求，等等。

在理论上界定诉讼请求的可分性相对而言简单，但诉讼实践中如何判断诉讼请求是否具有可分性则较为复杂，很多情况下认定诉讼请求是否可分不仅仅要依据其外观，同时还涉及利益衡量问题。以本诉诉讼请求与反诉诉讼请求为例，大陆法系民诉法多规定，在被告提起反诉的时候，法院可根据案件审理情况，斟酌就本诉或反诉为一部判决。② 可为一部判决意味着本诉诉讼请求与反诉诉讼请求具有可分性，但反诉诉讼请求与本诉诉讼请求的可分性并不是在任何时候都存在。如果本诉、反诉之诉讼请求基于同一法律关系或者其目的在于形成同一法律关系，则本诉诉讼请求与反诉诉讼请求就不具有可分性，前者如原告诉请被告支付下余装修工程款，被告反诉认为双方之间不存在装修关系故请求原告返还已支付的工程款，后者如离婚本诉与离婚反诉合并之场合。之所以强调上述两种

---

① 该情形案例可参见内蒙古自治区鄂尔多斯中级人民法院（2017）内06民终1185号判决、安徽省淮南市中级人民法院（2017）皖04民终705号判决、浙江省嘉兴市中级人民法院（2017）浙04民终2725号判决等。

② 例如，德国民诉法第301条规定："在以一诉所主张的数个请求中的一个请求，或者一个请求中的一部分，或者在提起反诉后，只有本诉或反诉，达到可为终局裁判的程度，法院应该以终局判决（一部判决）作出裁判。法院依案件的程度认为不宜为一部判决时，可以不为一部判决。"《奥地利民事诉讼法》第391条规定："同一诉中主张的复数请求之一或一个请求之一部达终局裁判时，法院可以直接终结该请求或其一部之辩论，作出判决（一部判决）。反诉提起之场合，仅本诉或反诉达终局判决程度时，能为一部判决书。"我国台湾地区"民诉法"第382条规定："诉讼标的之一部或以一诉主张之数项标的，其一达于可为裁判之程度者，法院得为一部之终局判决；本诉与反诉达于可为裁判之程度者亦同。"

场合下诉讼请求的不可分，主要是基于避免裁判抵触之考量。如果本诉诉讼请求与反诉诉讼请求基于不同的法律关系，例如，原被告在相互殴打中互有伤害，原告诉请被告承担损害赔偿责任，被告反诉请求原告承担损害赔偿责任，这种情况下本诉诉讼请求与反诉诉讼请求即具有可分性。只有在本诉诉讼请求或反诉诉讼请求具有可分性的前提下，法院就本诉诉讼请求或反诉诉讼请求之一漏未裁判，才可能出现漏判诉讼请求的问题，如果本诉诉讼请求与反诉诉讼请求不可分，法院就本诉诉讼请求或反诉诉讼请求之一漏未裁判，则此种情况并不能认定为漏判诉讼请求。[1]

在诉讼请求预备合并的情况下，同样存在如何认定主位诉讼请求与备位诉讼请求是否具有可分性的问题。大陆法系民诉法上之通说观点认为，判决主位诉讼请求败诉而漏未就备位诉讼请求裁判属于漏判诉讼请求，但部分日本学者认为，主位诉讼请求与备位诉讼请求不可分，诉讼请求预备合并时不适合作一部判决，因此，判决主位诉讼请求败诉而漏未就备位诉讼请求裁判不属于漏判诉讼请求。[2] 笔者赞成通说观点，主位诉讼请求与备位诉讼请求具有关联性，但这种关联性并不妨碍主位诉讼请求与备位诉讼请求的可分性。与本诉诉讼请求与反诉诉讼请求合并之场合不同，诉讼请求预备合并之裁判方式具有特殊性，只有在主位诉讼请求确定被判败诉时，法院方须就备位诉讼请求为裁判，这实际上已经承认了主位诉讼请求与备位诉讼请求具有可分性，就主位诉讼请求所为之原告败

---

[1]　邱联恭教授甚至认为，在原告甲就被告乙某次侵权行为所享损害赔偿债权为 10 万元时，若其诉之声明所表明之请求额为 10 万元，但法院仅就其中的 6 万元作出裁判，而就其余的 4 万元漏未裁判，如果就 4 万元单独为裁判会无端扩大矛盾、违反诉讼经济并带来极大不便的话，此时应认为原告的诉讼请求不具有可分性。参见范光群等：《裁判的脱漏》，载民事诉讼法研究基金会：《民事诉讼法之研讨（二）》，台湾三民书局 1990 年版，第 419 页。

[2]　参见范光群等：《裁判的脱漏》，载民事诉讼法研究基金会：《民事诉讼法之研讨（二）》，台湾三民书局 1990 年版，第 390、391 页。

诉裁判实质上就是一部判决。所以说，对备位诉讼请求漏未裁判的情形应当认定为漏判诉讼请求。

第二节　漏判诉讼请求之补救

漏判诉讼请求应当如何补救，我国民诉法及司法解释之规定与大陆法系民诉法通行做法有较大差异，国内学术界关于漏判诉讼请求应当如何补救也有不同认识，诉讼实践中法院针对不同情形漏判诉讼请求的补救，做法也不统一。本节拟对我国民诉法及司法解释关于漏判诉讼请求之规定、大陆法系民诉法上之补充判决制度以及国内学者关于漏判诉讼请求救济制度的论述进行梳理与评析，并在此基础上力求对漏判诉讼请求应当如何补救提出合理设想。

一、漏判诉讼请求补救制度概要

归纳我国民诉法、司法解释规定、大陆法系主要国家和地区民诉法规定以及国内学术界有关观点，关于漏判诉讼请求应当如何补救，主要有以下几种方式：

（一）"二审调解、发回重审+再审"方式

1. 二审调解、发回重审

针对尚未生效的裁判，如果存在漏判诉讼请求问题的，《适用民诉法司法解释》第 326 条①之规定，"对当事人在一审程序中已经提出的诉讼请求，原审人民法院未作审理、判决的，第二审人民法院可以根据当事人自愿的原则进行调解；调解不成的，发回重审"。司法解释作此规定依据主要有两点：一是对于一审漏判的诉讼请求，二审法院直接作出裁判，会损害当事人审级利益，但当事人就漏判诉讼请求自愿达成调解协议的，这等于其放弃了"审级利益"，不存在损害"审级利益"的问题；二是将漏判诉讼请求比

---

①　已废止的《适用民诉法意见》第 182 条。

照"严重违反法定程序"问题处理,根据我国现行民诉法第170
条第1款第4项①规定,"原判决遗漏当事人或者违法缺席判决等
严重违反法定程序的,裁定撤销原判决,发回原审人民法院重
审"。虽然《适用民诉法司法解释》第325条在解释民诉法第170
条规定的"严重违反法定程序"时未明确列举"漏判诉讼请求"
这一情形②,但其第326条规定的针对"漏判诉讼请求"的处理方
式实质上却比照了对"严重违反法定程序"的处理方式。③

2. 再审

针对已经生效的裁判,如果存在漏判诉讼请求情况的,2007
年修正后的我国民诉法第179条第1款第12项④规定,对于已经
发生法律效力的判决、裁定,如果原判决、裁定遗漏或超出诉讼请
求,当事人申请再审的,人民法院应当再审。"本项是关于裁判本
身存在技术性错误事由的规定。""诉讼请求的范围由当事人自行
决定,当事人没有提出的事项法院不能对其作出裁判,否则属于
'超出诉讼请求';反之,当事人业已提出的事项,法院不能不加
理睬、拒绝裁判,否则属于'遗漏诉讼请求'。遗漏、超出诉讼请

---

① 1991年通过的民诉法、2007年修正的民诉法第153条第1款第4项
规定:"原判决违反法定程序,可能影响案件正确判决的,裁定撤销原判决,
发回原审人民法院重审。"

② 该条规定:"下列情形,可以认定为民事诉讼法第170条第1款第4
项规定的严重违反法定程序:(1)审判组织的组成不合法的;(2)应当回避
的审判人员未回避的;(3)无诉讼行为能力人未经法定代理人代为诉讼的;
(4)违法剥夺当事人辩论权利的。"

③ 我国诉讼实践中法院习惯将漏判诉讼请求归类、定性为程序性违法
问题,相关阐述可参见江苏省盐城市中级人民法院〔2015〕盐民终字第
00591号判决、安徽省铜陵市中级人民法院〔2015〕铜中民三终字第000061
号判决、重庆市第二中级人民法院〔2015〕渝二中法民终字第01803号判决、
浙江省宁波市中级人民法院〔2016〕浙02民终4185号判决、河北省邯郸市
中级人民法院〔2018〕冀04民终386号判决等,《适用民诉法司法解释》第
326条规定的精神可以说与诉讼实践中法院的认识相吻合。

④ 2012年修正后的民诉法第200条第1款第11项。

求作出裁判是原审法官出现了技术性错误，违背了处分原则。"①
因此我国民诉法规定，法院裁判漏判诉讼请求的，当事人可以通过
再审程序获得救济。

（二）"补充判决"方式

所谓补充判决制度，是指发生漏判诉讼请求的法院对应裁判事
项另行作出判决予以补正的制度，大陆法系主要国家和地区民诉法
均规定了补充判决制度，现对有关内容作简要介绍：

1. 德国

德国民诉法第 321 条规定："（1）如果当事人一方依最初提出
的或以后更正的事实所主张的主请求或附带请求的全部或一步，或
者在裁判时的费用的全部或一部，有脱漏时，可以依申请作出追加
裁判对原判决予以补充。（2）请求为追加裁判，应该在原判决送
达后两周的期间内，提出书状申请。（3）申请后，应即指定言词
辩论期日。在为该期日而传唤申请人的对方当事人时，应同时送达
提起申请的书状。（4）言辞辩论只以诉讼中未终结的部分为其标
的。"②

2. 日本

日本民诉法第 258 条规定："（1）法院作出裁判遗漏请求的一
部时，对于该请求部分的诉讼，仍系属于该法院。（2）法院遗漏
诉讼费用负担的裁判时，根据申请或依职权，应以裁定对该诉讼费
用的负担作出裁判。（3）在此种情况下，准用本法第 61 条至 66
条的规定。对于本条前款的裁定，可以即时抗告。"③ 根据日本民
诉法学者解释，在日本，当法院作出的裁判遗漏诉讼请求的一部分
时，将用"追加判决"的方式进行处理，对于遗漏部分的诉讼请
求亦可以再次向法院起诉。如果有必要，将再次进行口头辩论，对

---

① 黄松有主编：《〈中华人民共和国民事诉讼法〉修改的理解与适用》，
人民法院出版社 2007 年版，第 84 页。

② 《德意志联邦共和国民事诉讼法》，谢怀栻译，中国法制出版社 2001
年版，第 79~80 页。

③ 《日本新民事诉讼法》，白绿铉译，中国法制出版社 2000 年版，第
95~96 页。

该部分审理后进行宣判，或者依职权立即作出判决。①

3. 法国

法国民诉法第 463 条规定："（1）法院对某一诉讼请求之要点漏于作出审理决定时，亦可对其判决加以补充，但对其他请求要点而言，不得损及已判事由，但如有必要重新认定各方当事人对各自诉讼主张所作的真正说明以及所提出的理由，不在此限。（2）相应请求，应在裁判决定产生既判力之后一年内提出，或者在向最高司法法院提出上诉的情况下，最迟应在最高司法法院作出不受理裁判决定之日起一年内提出。（3）法官通过一方当事人提出的申请受理案件，或者通过双方当事人提出的共同申请受理案件。法院在听取各方当事人的意见以后，或者传唤当事人之后，作出审理决定。（4）法官的决定，应在原判决的原本或副本上载明。该项决定之通知，如同判决，并且得经对判决之相通途径提起上诉。"②

4. 俄罗斯

俄罗斯民诉法第 205 条规定："作出判决的法院在下列情况下可以根据案件参加人的请求或自己主动提出补充判决：（1）对于案件参加人提供了证据或作过陈述的某一要求未曾作出判决；（2）法院在解决了权利问题之后，没有指明判处的款额和应转交的财产，或没有指明必须由被告实施的行为；（3）法院没有解决诉讼费用的问题。作出补充判决的问题可在判决作出之日起 10 天内提出。补充判决由法院在审判庭上对该问题进行审理之后作出，对补充判决可以提出上诉和抗诉。对法院关于拒绝作出补充判决的裁定可以提出单独上诉或抗诉。"③

5. 我国台湾地区

我国台湾地区 2003 年修订后的"民诉法"第 233 条规定：

---

①　参见［日］中村英郎：《新民事诉讼法讲义》，陈刚、林剑锋、郭美松译，法律出版社 2001 年版，第 95 页。

②　《法国新民事诉讼法典》，罗结珍译，中国法制出版社 1999 年版，第 92 页。

③　《俄罗斯联邦民事诉讼法》，张西安、程丽庄译，中国法制出版社 2002 年版，第 73~74 页。

"（1）诉讼标的之一部或诉讼费用，裁判有脱漏者，法院应依声请
或依职权以判决补充之。（2）当事人就脱漏部分声明不服者，以
声请补充判决论。（3）脱漏之部分已经辩论终结者，应即为判决；
未终结者，审判长应速定言辞辩论期日。（4）因诉讼费用裁判脱
漏所为之补充判决，于本案判决有合法之上诉时，上诉审法院应与
本案诉讼同为裁判。（5）驳回补充判决之声请，以裁定为之。"[1]
该条第 2 款修订前之前段规定，"声请补充判决，应于判决送达后
二十日之不变期间内为之"。2003 年修订时删去了该段内容，删除
理由是，"则于第一审判决有脱漏而当事人未于判决送达后二十日
内声请补充判决者，依实务上之见解，固认为该脱漏部分之诉讼系
属归于消灭，当事人可重新起诉。惟如有消灭时效或除斥期间者，
对当事人之权益影响颇巨。且于第二、三审裁判有脱漏时，就该脱
漏部分不得重新起诉，如当事人未于该不变期间内声请补充判决，
就该部分将无从获得救济，爰将第二项前段规定删除"。[2]

　　为防止遗漏之诉讼请求长久处于悬而不决状态，德、法、俄罗
斯民诉法以及我国台湾地区 2003 年修订前的"民诉法"均明确规
定，申请补充判决应当有期限限定。在此背景下，如系一审法院漏
判诉讼请求且当事人在法定期限内未提出补充判决申请的，就漏判
之诉讼请求，应当如何处理，这些国家和地区的民诉法没有规定。
但理论上多认为，当事人可另行起诉以为救济。[3]如在第二审上诉
程序中，法院漏判当事人诉讼请求且当事人未在法定期间内申请补

---

　　① 黄荣坚等编：《月旦简明六法》，元照出版公司 2004 年版，第肆—37
页。

　　② 黄荣坚等编：《月旦简明六法》，元照出版公司 2004 年版，第肆—37
页。

　　③ 参见范光群：《民事程序法之问题及发展》，台湾新学林出版股份有
限公司 2007 年版，第 126 页；[日] 中村英郎：《新民事诉讼法讲义》，陈刚、
林剑锋、郭美松译，法律出版社 2001 年版，第 95 页；[法] 让·文森、塞尔
日·金沙尔：《法国民事诉讼法要义（上）》，罗结珍译，中国法制出版社
2001 年版，第 262 页，等等。

充判决的，应如何救济，理论上则有不同认识，有观点认为，此时应视为未提起上诉，第一审法院就该部分所为判决，即归于确定；① 有观点认为："漏判部分之诉讼标的虽经一审实体判决，但该判决因有合法之上诉而阻却其确定，自不因嗣后漏判及补充判决期间之经过而变为确定。""则就脱漏之诉讼标的而言，乃处于已有一审判决但该判决并未确定，且诉讼系属又已消灭之状态，当事人自仍得另行起诉。"② 对于该两种观点下文将有专门辨析，此处不赘。

（三）"补充判决+上诉"方式

江伟教授主持的《〈中华人民共和国民事诉讼法〉修改建议稿（第三稿）及立法理由》（简称《建议稿》）对漏判诉讼请求救济制度作了设计，《建议稿》第 319 条规定："（1）人民法院裁判遗漏当事人诉讼请求或者诉讼费用的，人民法院应当根据当事人的申请作出补充判决。但当事人已提出上诉的除外。（2）遗漏部分已经审理完毕的，人民法院应当立即做出判决。未审理完毕的，人民法院应当确定审理日期。（3）驳回补充判决的申请应当作出裁定，对该裁定当事人可以上诉。"《建议稿》之所以作此规定有以下几点考虑：首先，对于法院裁判遗漏了实体事项的，因为实体事项属于当事人行使处分权的范围，所以应由当事人选择是通过提起上诉还是通过申请补充判决在本案审理的范围内予以解决，另外，也虑及程序公正、实质正义和诉讼效率等诸价值之间的平衡，对于遗漏实体事项的救济，也不必一概由当事人以上诉形式提出，如果当事人自愿在本案诉讼程序内解决的，应当允许。其次，基于诉讼效率要求，同时也是出于避免程序迟延可能危及正义尤其是程序正义的考虑，因此规定，对遗漏事项如果属已经审理完毕的，法院应当立

---

① 范光群：《民事程序法之问题及发展》，台湾新学林出版股份有限公司 2007 年版，第 127 页。

② 范光群：《民事程序法之问题及发展》，台湾新学林出版股份有限公司 2007 年版，第 129 页。

即作出判决；对于未审理完毕的，法院应当明确审理期日。最后，对于是否存在应当作出补充判决的事项，当事人与审判本案的法院可能会存在认识上的分歧，为给予当事人充分的程序保障，对于审判本案的法院作出驳回当事人申请补充判决的裁定，应当允许当事人就此裁定提出上诉。①

针对《建议稿》规定，有学者认为，如果允许当事人仅仅以漏判诉讼请求为由提起上诉，这违反了审级原则，不符合诉讼法理。在一审诉讼中，原则上应当禁止当事人单独以漏判诉讼请求为由提起上诉，但如果当事人对一审裁判的其他问题不服提起上诉，上诉法院在审理过程中发现一审裁判有遗漏诉讼请求问题；或者当事人对一审裁判存在遗漏诉讼请求问题与其他问题一并提起上诉，这类情况下通过上诉程序解决漏判则是合理的，既节约诉讼成本，也体现当事人依法享有程序处分权，符合诉讼公正要求。② 有鉴于此，该学者建议立法应规定："当事人仅就裁判遗漏部分不服的，视为申请补充判决。"③

二、对相关补救制度的评析

（一）对"二审调解、发回重审+再审"方式之评析

1. "二审调解、发回重审"存在的问题

《适用民诉法意见》第 182 条是我国最先在规则层面明确确立的针对漏判诉讼请求的救济制度，《适用民诉法司法解释》第 326 条完全沿袭了《适用民诉法意见》第 182 条规定之内容。并且，与民诉法将"原裁判遗漏、超出诉讼请求"列为再审事由之一不同，上述司法解释系专门针对漏判诉讼请求规定的补救方式，因

---

①　参见江伟主持：《〈中华人民共和国民事诉讼法〉修改建议稿（第三稿）及立法理由》，人民法院出版社 2005 年版，第 264 页。

②　赵泽君：《民事裁判遗漏的补充判决制度》，载《政法论坛》2008 年第 5 期。

③　赵泽君：《民事裁判遗漏的补充判决制度》，载《政法论坛》2008 年第 5 期。

此，尽管其位阶相对较低，但其立规思路更值得我们剖析。概而言之，该规定存在以下问题：一方面，该条文将漏判诉讼请求比照为"严重违反法定程序"问题处理存在偏差，纯粹的漏判诉讼请求，实际上意味着原审法院只审理和裁判了案件的一部分，而没有对案件的其他部分进行审理和裁判，就已经审理的部分而言，如果程序和实体上均没有问题，并不需要重新审理。不作区分地规定"调解不成的，发回重审"显然是没有注意到漏判诉讼请求问题的特殊性，没有充分贯彻诉讼经济原则。另一方面，该条文系关于二审法院应如何处理漏判诉讼请求的规定，其着眼点或视角在法院而不是当事人，如果一审裁判作出后，当事人未提起上诉，对漏判诉讼请求应当如何救济？或者说，针对一审裁判漏判诉讼请求问题，当事人是否只能通过上诉或申请再审途径才能启动补救程序呢？根据该规定不得而知。

2. "再审"存在的问题

对于我国民诉法规定的通过"再审"对漏判诉讼请求进行补救的做法，理论上多持否定观点。有观点认为，通过再审程序对漏判诉讼请求予以救济，"存在诸多弊端，且与民事诉讼基本原则和有关制度相悖"。[1] 严重降低诉讼效率，有损诉讼公正，不利于生效裁判既判力强化，加剧了对判决权威性和稳定性的损害，违背当事人处分原则，违背了两审终审制。[2] 还有观点认为，对漏判诉讼请求通过再审程序加以救济，"与再审之诉讼法理并不相符"。再审以生效终局裁判为对象，基于对生效裁判既判力的尊重，对于再审事由必须要有较为严格的限制。通常情况下，能够引起再审的事由应限于原审裁判在程序上有重大瑕疵或者作为原裁判基础的诉讼资料存在显著错误，漏判诉讼请求显然不属于上述情形。同时作为

---

① 参见赵泽君：《民事裁判遗漏的补充判决制度》，载《政法论坛》2008 年第 5 期。

② 赵泽君：《民事裁判遗漏的补充判决制度》，载《政法论坛》2008 年第 5 期。

一种特殊的救济程序，再审程序在启动上也有一定限制，一是要有确定判决存在，二是再审申请人对确定判决存在不服利益。如果不存在确定判决，那么当事人申请再审缺乏对象，再审程序无法启动；如果当事人对生效裁判不存在不服利益，那么其再审申请不构成合法的再审申请。在漏判诉讼请求的场合，原审法院对当事人提出的诉讼请求部分或全部未作裁判，换句话说，就遗漏部分的诉讼请求缺乏生效的裁判，此时，当事人就漏判问题申请再审将因缺乏合法的再审客体或对象而无据可依。①

应该说，上述观点比较全面地概括了现行民诉法相关规定存在的问题，除此之外，笔者以为，现行民诉法笼统规定漏判诉讼请求与超出诉讼请求而为裁判，适用再审程序进行救济，还有以下两方面的问题：（1）未能对漏判诉讼请求进行恰当"定性"，导致对漏判诉讼请求救济思路不清。一般认为，我国现行民诉法第 200 条规定的再审事由可分为程序性再审事由和实体性再审事由，漏判诉讼请求属于程序性问题还是实体性问题呢？从应然层面来看，漏判诉讼请求应是实体性问题，是对实体事项处理的错误、遗漏，但从实然层面来看，在我国诉讼实践中，遗漏诉讼请求、超出诉讼请求作出裁判又往往被认为属"严重违反法定程序"问题，这也正是《适用民诉法司法解释》第 326 条规定二审程序中发现原审漏判诉讼请求，调解不成的，应发回重审的原因所在。如果不能对漏判诉讼请求问题进行准确定性，关于其补救制度的设计则很难允当。（2）没有就漏判诉讼请求与超出诉讼请求裁判作区分。在裁判遗漏当事人诉讼请求情况下，要解决的主要是对遗漏的诉讼请求继续作出裁判的问题，就已经作出的部分判决而言，如果其程序、实体均系公正，则法院即无须就该部分进行修正。在裁判超出当事人诉讼请求的情况下，要解决的主要是对超出部分的裁判进行救济的问题，此时之重点不在当事人的诉讼请求而是法院"已经作出的裁

---

① 占善刚：《我国民事判决脱漏应然救济途径之探究》，载《法商研究》2009 年第 3 期。

判"，设计救济程序应考虑对"已经作出的裁判"如何处理的问题。有观点认为，对超出诉讼请求裁判的，法院可依当事人申请裁定更正，"减去多判的"，① 这种观点是值得商榷的。根据诉讼法理，对原判决的任何实质性变更和处理，都必须经过审判程序由法院重新作出判决来进行，② 以裁定方式直接对原有判决进行实质性变更在程序上显然是违法的。所以说，在原有裁判超出当事人诉讼请求并且该裁判已经生效的情况下，通过再审程序进行救济在理论上并无甚大障碍。③ 但对于漏判诉讼请求，规定通过再审程序进行救济其合理性则值得研究。

（二）对"补充判决"及"补充判决+上诉"方式之评析

1. 以"补充判决"补救漏判诉讼请求的优点

补充判决是大陆法系主要国家和地区通行的对漏判诉讼请求的救济制度，江伟教授主持的《建议稿》以及国内学者相关论述中均建议将补充判决制度确立为漏判诉讼请求的补救方式。通过补充判决对漏判诉讼请求进行救济，有以下几方面的优点：（1）契合漏判诉讼请求的错误本质。漏判诉讼请求属于实体性错误，并且遗漏部分的诉讼请求于已经裁判的诉讼请求而言，具有相对独立性，可以单独作出部分判决。（2）符合诉讼经济原则。补充判决制度充分考虑到遗漏部分的诉讼请求具有相对独立性，可以作出部分判决而不必牵扯到已经作出的裁判，较之于上诉发回重审或者申请再审发回重审，补充判决在救济思路上更清晰，在救济方式上也更直接，既节约诉讼资源，又避免当事人在上下级法院之间曲折迂回，于法院、于当事人都不失为一种更经济的选择。（3）有利于维护既有裁判的权威。就原裁判而言，可能仅仅只存在漏判问题，在程

---

① 曹书瑜：《论民事瑕疵裁判的补正程序》，载《人民司法》2006 年第 6 期。

② 诉讼实践中，对超出诉讼请求裁判的，法院亦是以判决而不是裁定方式进行处理，参见河北省高级人民法院〔2016〕冀民终 349 号判决等。

③ 在裁判未生效的情况下，则可通过上诉程序进行救济。

序或实体上则没有其他问题；或者既存在漏判问题，又存在其他程序或实体问题。如果是前者，以上诉发回重审或者申请再审方式进行救济，不仅使法院既有的劳动归于无效，而且客观上也是对原裁判既判力的蔑视，不利于维护法院裁判的权威；如果是后者，也需要作具体分析，因为当事人就漏判之外的程序或实体问题提起上诉或申请再审时，这些问题并非一概需要通过重审方式进行救济，但一旦与漏判"捆绑"在一起不做区别对待，则会给二审或再审法院造成"困境"或"困扰"。

综上，引入大陆法系民诉法上的"补充判决"制度，将使关于漏判诉讼请求的补救程序更严谨、规范和经济。

2. 如何看待"补充判决+上诉"方式

江伟教授主持的《建议稿》设计的"补充判决+上诉"方式，有以下特点：（1）将漏判诉讼请求归结为实体性问题，并且认为"实体事项属于当事人处分权范围"，当事人可以自行选择通过上诉还是申请补充判决方式进行救济。（2）从案件审理进程角度，将漏判分为遗漏事项审理完毕但未作出裁判和遗漏事项既未审理完毕又未作出裁判两种情况。（3）从原裁判发生错误之类型角度，将漏判分为仅存在漏判问题和既有漏判问题又有其他程序或实体上的问题两种情况。之所以建议可以通过上诉方式对漏判诉讼请求进行补救主要有两点依据：（1）当事人具有程序选择权。漏判诉讼请求既然也是一种裁判错误，当事人应当有权选择通过"补充判决"或"上诉"方式进行补救。（2）在既有漏判诉讼请求问题，又有其他程序或实体问题的情况下，通过上诉方式进行补救，节约了司法成本、减轻了当事人讼累，有利于一并纠正原裁判存在的瑕疵或错误。

笔者以为，在确立补充判决制度的前提下，就漏判诉讼请求问题，无论是直接申请补充判决，还是提起上诉亦或申请再审，目的都是要法院就漏判部分作出判决。可以说，上诉或申请再审只是启动补充判决程序的手段，而不是关于漏判诉讼请求的规范的、完整的补救制度。至于当事人提起上诉之后，二审法院对漏判问题应如何处理？是由原审法院作出补充判决，还是撤销原裁判发回重审，或是由二审法院对漏判的诉讼请求直接作出裁判，① 这一点《建议稿》并未提及。诉讼实践中，应区分不同情形做不同处理，就此下文将做分析。

三、补充判决制度程序问题辨析

以补充判决方式对漏判诉讼请求进行救济，在程序上有以下问题需要进一步研讨。

（一）启动补充判决是否以当事人申请为必要

关于补充判决的启动，在大陆法系国家和地区有两种立法例，一是依当事人申请而启动。如德国、法国民诉法以及我国台湾地区"民诉法"均规定，补充判决启动应当依当事人申请而为之。二是依当事人之申请或依职权启动补充判决程序。如日本、俄罗斯民诉法均规定，法院既可以依当事人之申请为补充判决，也可以依职权主动为补充判决。对此，理论上有不同认识。我国台湾地区学者邱联恭教授认为，"过分的职权介入就漏判之有无言，有时难免反而造成纠纷的扩大，例如，当事人本已经服了这个判决，法官竟然依

---

① 由于我国现行民诉法没有规定专门的补充判决制度，诉讼实践中，就原裁判漏判诉讼请求问题，绝大多数情况下当事人都是通过与其他程序事项或实体事项一道提起上诉或申请再审的途径寻求救济。值得注意的是，针对漏判诉讼请求问题，基于减轻当事人讼累、诉讼经济原则考虑，二审或再审法院很多时候并未援引《适用民诉法司法解释》第326条规定，将案件发回重审，而是将原裁判漏判诉讼请求问题与其他程序或实体问题一并予以纠正。相关判例可参见广东省吴川市人民法院〔2014〕湛吴法审监民再字第4号判决、湖南省永州市中级人民法院〔2015〕永中法民一终字第32号判决、辽宁省沈阳市中级人民法院〔2015〕沈中民四终字第00679号判决、湖南省永州市中级人民法院〔2017〕湘11民终1020号判决、安徽省淮南市中级人民法院〔2017〕皖04民终705号判决、新疆维吾尔族自治区乌鲁木齐市天山区人民法院〔2017〕新0102民再5号判决、浙江省嘉兴市中级人民法院〔2017〕浙04民终2725号判决、广西壮族自治区桂林市中级人民法院〔2018〕桂03民终1256号判决、河北省邯郸市中级人民法院〔2018〕冀04民终386号判决等。

职权下一个补充判决，此时会不会节外生枝，反而制造纠纷？而有违处分权主义、辩论主义等之旨趣，造成不必要的浪费。尤其就关于漏判问题，职权介入以后，当事人协助法官搜集资料、提出证据或辩论的努力可能就不那么热心，也是值得留意的问题，所以，纵然允许依职权补充判决，是不是也应该给予某程度的时间上限制。"① 我国有学者认为，启动补充判决程序应该依当事人申请为限，这体现了民事诉讼法理的处分原则。②《建议稿》第 319 条也规定，人民法院应当根据当事人的申请作出补充判决。

笔者以为，补充判决程序既可以因当事人申请而启动，也可以由法院依职权启动。首先，从诉讼系属角度而言，诉讼系属因终局裁判的确定而归于消灭。在漏判诉讼请求情况下，由于法院对遗漏之诉讼请求未作判断，只要没有发生诉讼上和解、当事人主动撤回诉讼或者当事人死亡等情况的，③ 该部分之诉讼请求即仍系属于法院，即便当事人未提出补充判决申请，法院亦有义务对其作出裁判。其次，从处分原则来看，法院漏判诉讼请求且不作出补充判决实质上是违反了处分原则。"由于法院的过错造成漏判，法院依职权启动补充判决程序并作出补充判决，不仅没有违反当事人的处分权原则，反而是尊重当事人的处分权，也更有利于完整地保护当事人的合法权益。"④ 最后，从法院裁判的效果来看，漏判诉讼请求是因法院错误造成的，法院发现漏判后不依职权主动作出补充判决，则审判人员在诉讼中事实上可不就漏判诉讼请求负任何责任。这不仅忽略了处分原则的要求，放纵了法官的自由裁量权，同时也可能导致裁判突袭，从而使诉讼过程和结果具有极大不确定性。当

① 转引自范光群等：《裁判的脱漏》，载民事诉讼法研究基金会：《民事诉讼法之研讨（二）》，台湾三民书局 1990 年版，第 416 页。

② 参见曹书瑜：《论民事瑕疵裁判的补正程序》，载《人民司法》2006 年第 6 期。

③ 参见刘学在：《略论民事诉讼中的诉讼系属》，载《法学评论》2002 年第 6 期。

④ 赵泽君：《民事裁判遗漏的补充判决制度》，载《政法论坛》2008 年第 5 期。

然，纵然是法院有义务依职权作出补充判决，但出于程序安定性考虑，对法院依职权进行补充判决也应该予以时间上的限制。

（二）启动补充判决程序的期限问题

关于申请补充判决是否要有期限限制，各国立法有不同立法例，理论上亦有不同认识。德、法、俄等国民诉法均规定申请补充判决有期限限制，德国民诉法规定的申请期限为 2 周，法国民诉法规定的申请期限为 1 年，俄罗斯民诉法规定的申请期限为 10 日。日本民诉法未规定申请补充判决的期限，其理论上认为，遗漏的诉讼请求仍系属于原审法院，因此没有设定期限限制。我国台湾地区"民诉法"在 2003 年修改之前规定有 20 日的申请期限，2003 年修改时删去了期限限制。在民事诉讼法学理论上关于是否应当设定申请补充判决的期限有肯定说、否定说和折中说之分：（1）肯定说认为，漏判诉讼请求法院固然有过失，但当事人知道其有脱漏或者可得知其有脱漏而不于法定期间内声请补充判决也有过失，如果按照日本民诉法的规定，只要当事人不申请补充判决，遗漏之诉讼请求便没有期限的限制而永久系属于法院，这于诉讼安定显有妨碍。事实上，在日本，兼子一以及前野顺一教授都认为该立法有问题。① （2）否定说认为，漏判诉讼请求案件多半比较复杂，对当事人申请补充判决设定法定不变期间，在未实行强制律师代理诉讼的情况下，当事人接到判决书后在较短时间内很难发现有无裁判遗漏的事项，况且，漏判诉讼请求是法院的错误，原则上法院有义务依职权发现漏判并直接作出补充判决，因此，基于现实和法理，对当事人申请补充判决不宜设置时间上的限制。② （3）折中说认为："在一审程序中，当事人对法院的漏判申请补充判决应该设定法定期限，具体期限的长短，借鉴其他国家的做法，考虑到我国律师代

---

① 参见范光群等：《裁判的脱漏》，载民事诉讼法研究基金会：《民事诉讼法之研讨（二）》，台湾三民书局 1990 年版，第 405 页。

② 参见范光群等：《裁判的脱漏》，载民事诉讼法研究基金会：《民事诉讼法之研讨（二）》，台湾三民书局 1990 年版，第 403 页。

理诉讼比例小的实情，期限不应过短，可以采取比较折中的方案，规定为 6 个月为宜。""对法院告知当事人申请补充判决不应该设定法定期限，否则，若当事人不申请而超过一定期限，法院就无需承担告知的责任，这既不利于漏判错误的及时纠正，也难以避免有徇惠法官恣意裁决之嫌。""在二审程序中，法院对当事人提起的上诉请求事项发生了漏判时，不宜对当事人申请补充判决设置法定期限。"①

笔者以为，无论是一审程序中漏判诉讼请求还是二审程序中漏判诉讼请求，无论是依当事人申请启动补充判决程序还是法院依职权启动补充判决程序，都应有启动期限限制。从我国诉讼实践中"有错必纠"的传统理念出发，可以得出这样的结论：即只要漏判问题一日未解决，当事人就应当可以依申请、人民法院就应当可以依职权启动补充判决程序，因为漏判问题错在法院。但基于私法制度的基本精神，"法律不保护那些躺在权利上睡大觉的人"。如果裁判文书送达当事人之后，其长期不对漏判问题提出异议，无非有三种可能：要么说明漏判对其权利实现影响很小，要么说明漏判虽然对其有一定影响但其主动放弃了异议的权利，还有一种可能就是其未发现裁判有漏判的问题。其中第三种情况发生的概率相对较低，并且这种情况即便发生多半也可将其归类为第一种情况，很难想象原裁判漏判并且漏判对其权利实现有重大影响，当事人会长期不得发现。如果是第一种和第二种情况，则应当在尊重当事人处分权、保护当事人合法权益以及维护诉讼程序安定之间作出必要且适当的权衡。关于补充判决程序的启动期限，关键不是要不要设置的问题，而是应如何设置的问题。在立法技术上，我们可以借鉴德、日以及我国台湾地区关于申请再审期限的设置，② 规定一个较短的

① 赵泽君：《民事裁判遗漏的补充判决制度》，载《政法论坛》2008 年第 5 期。
② 参见德国民诉法第 586 条、日本民诉法第 342 条、我国台湾地区"民诉法"第 500 条。

一般期限和一个较长的特殊期限。对当事人申请补充判决的，可规定：当事人应当在收到判决书之日起 15 日内提起补充判决申请；判决确定之日起经过 5 年后，不得提起补充判决申请。对法院依职权启动补充判决程序的，可规定：自判决确定次日起经过 5 年后，法院不得依职权启动补充判决程序。

（三）二审法院漏判诉讼请求，超过申请补充判决期限，应如何处理

如前所述，关于启动补充判决程序应否设置期限，"折中说"有一个观点认为，在二审程序中，法院漏判诉讼请求的，不宜对当事人申请补充判决设置法定期限。其理由主要是，一旦二审程序中对当事人申请补充判决设定法定期限，如果出现当事人贻误申请或者在法定期限届满后才发现漏判诉讼请求问题的，因法定期限的经过，则当事人无法通过申请补充判决的方式获得救济。又由于二审裁判是发生法律效力的终审裁判，与一审裁判漏判诉讼请求不同，当事人对二审裁判遗漏部分不能另行起诉。① 这就引出前文所提到的一个问题，即如果设定声请补充判决的期限，那么在二审程序中法院漏判了诉讼请求且当事人超出期限未申请补充判决，就漏判应当如何救济？对此，理论上有两种观点，观点一认为，对这种情况可视为未上诉，一审法院就该部分所为判决，归于确定；观点二认为，漏判部分的诉讼请求虽经一审法院裁判，但该裁判因有合法之上诉而阻却其确定，由于一审裁判并未确定，诉讼系属又已消灭，因此当事人仍得就该部分另行起诉。

笔者支持第一种观点，诚如王甲乙教授所言，"第一审判决书已宣示并送达，在尚未废弃前，不能否定其判决效力而重行起诉"。"此种情形如可以另行起诉的话，那么第一审判决所判过的

---

① 赵泽君：《民事裁判遗漏的补充判决制度》，载《政法论坛》2008 年第 5 期。

算什么?"① 在法律设定有申请补充判决期限的情况下，如果二审裁判遗漏了当事人的诉讼请求，但当事人未在规定的期限内申请补充判决，这要么说明其对一审关于该部分诉讼请求裁判的认可，要么说明其放弃了对二审裁判异议的权利，无论是前者还是后者，都将使一审有关该部分诉讼请求的裁判归于确定。

（四）补充判决与先前判决的上诉审理问题②

由于漏判具体可分为不同的情形，有些情况下一审裁判只存在漏判的问题，有些情况下一审裁判除了漏判的问题之外还存在其他程序或实体问题。就漏判问题当事人固然可以申请补充判决进行补救，但就原裁判存在的其他程序或实体问题，当事人则只能通过上诉方式进行救济。如果当事人仅以漏判诉讼请求单一问题提起上诉，这种上诉应视为申请补充判决，二审法院可告知当事人向一审法院申请补充判决，或者直接以书面通知方式要求一审法院启动补充判决程序并作出补充判决。

如果当事人笼统就原裁判提起上诉，上诉理由既包括原裁判存在漏判诉讼请求问题，又包括原裁判存在其他程序或实体问题的，这种情况下，法院可根据具体情形做不同处理：一是由二审法院就漏判问题与其他问题一道一并作出裁判。条件是，（1）双方当事人都同意由二审法院直接就漏判诉讼请求作出补充判决的；或者（2）漏判的诉讼请求已经过一审法院审理，但未作出裁判，由二审法院与其他问题一道一并作出裁判，更符合诉讼经济及程序安定原则的。二是由一审法院作出补充判决。漏判的诉讼请求未经过一审法院审理并且双方当事人又不同意由二审法院直接就漏判诉讼请求作出补充判决的，此时二审法院可以书面通知的方式要求一审法院启动补充判决程序，就漏判部分作出裁判；同时可依我国现行民

---

① 转引自范光群等：《裁判的脱漏》，载民事诉讼法研究基金会：《民事诉讼法之研讨（二）》，台湾三民书局1990年版，第404页。

② 就漏判诉讼请求申请再审的处理不再单独阐述，可比照该段分析思路处理。

诉法第 150 条第 1 款第 6 项之规定，裁定中止诉讼，待一审法院作出补充判决后，恢复诉讼，就补充判决与先前判决一并为二审裁判。三是发回重审。在既有漏判问题，又有其他程序或实体问题，且其他程序或实体问题符合发回重审的条件的，二审法院可直接将案件发回重审。

结　语

　　"诉讼请求"既不是一个新概念，也不是一个生僻概念，更不是一个无足轻重的概念，但传统民事诉讼法学理论很少将其作为一个独立的问题加以专门研究。"诉讼标的"是大陆法系民事诉讼法学领域的重要概念，是民事诉讼法学理论体系的重要组成部分，但我国民事诉讼实践对其直接使用却很少。出于对这一"悖反"现象的疑惑，本书将"民事诉讼请求"作为选题加以研究。

　　应该说，本书的选题有一定风险。这种风险主要表现在两个方面，一是能否说清诉讼请求与诉及诉讼标的之间的关系，诉讼请求与诉及诉讼标的之间的联系是如此紧密，以至于很多场合被混同使用；二是能否构建一个相对"成型"的理论体系，关于诉讼请求的研究资料是如此之少，以至于我没有搜索到一部对其专门研究的著作。面对这样的困难，本书做了一些努力，进行了一些探索：

　　一是仔细辨析了诉讼请求与诉、诉讼标的之间的关系。通过对国内关于诉讼请求各种界定的梳理、反思及评析，明确界定了诉讼请求的概念；通过对有关诉、诉讼标的的各种学说进行梳理、反思及评析，明确界定了诉与诉讼标的之概念。在此基础上，通过细致的推论指出诉讼请求与诉及诉讼标的之间的联系和区别。

　　二是初步构建了诉讼请求的理论体系。本书以我国民诉法及司法解释中有关诉讼请求的规定为主线，并借鉴大陆法系民诉法学关于诉、诉讼标的、诉之变更、诉之合并以及裁判脱漏等相关理论研究成果，形成了相对独立的体系，并对诉讼请求若干理论问题，进行了较为深入的探讨。

　　由于直接研究诉讼请求问题的资料匮乏，再加上诉讼请求与诉及诉讼标的之间须臾不可割裂的联系，本书的研究借鉴了传统民诉法理论上关于诉、诉讼标的、诉之变更、诉之合并等的相关研究成果。这种借鉴一方面固然可以理解为将抽象的基础理论运用于具体诉讼请求研究的过程，但另一方面，一些具体的论述、引用是否允当、合理显然也有待立法及诉讼实践进一步检验。好在本书所做的工作只是一种探索和尝试，关于诉讼请求的研究仍然仅仅是一个开始，期待学界、实务界同仁共同努力推动对此一问题的研究。

参 考 文 献

（一）著作

[1] 吴明轩. 民事诉讼法 [M]. 台北：五南图书出版公司，1983.

[2] 张晋红. 民事之诉研究 [M]. 北京：法律出版社，1996.

[3] 陈荣宗、林庆苗. 民事诉讼法 [M]. 台北：三民书局，1996.

[4] 杨建华. 问题研析民事诉讼法（一）[M]. 台北：三民书局，1996.

[5] 杨建华. 问题研析民事诉讼法（二）[M]. 台北：三民书局，1997.

[6] 杨建华. 问题研析民事诉讼法（三）[M]. 台北：三民书局，1998.

[7] 杨建华. 问题研析民事诉讼法（四）[M]. 台北：三民书局，1997.

[8] 杨建华. 问题研析民事诉讼法（五）[M]. 台北：三民书局，1998.

[9] 杨建华. 海峡两岸民事程序法论 [M]. 台北：月旦出版社股份有限公司，1997.

[10] 张卫平、陈刚. 法国民事诉讼法导论 [M]. 北京：中国政法大学出版社，1997.

[11] 王甲乙、杨建华、郑健才. 民事诉讼法新论 [M]. 台北：三民书局，1998.

[12] 沈达明. 比较民事诉讼法初论 [M]. 北京：中国法制出版社，2002.

[13] 江伟、邵明、陈刚. 民事诉权研究 [M]. 北京：法律出版社，2002.

[14] 王亚新．对抗与判定——日本民事诉讼法的基本结构［M］．北京：清华大学出版社，2002.

[15] 陈计男．民事诉讼法论（上、下）［M］．台北：三民书局，2002.

[16] 常怡．比较民事诉讼法［M］．北京：中国政法大学出版社，2002.

[17] 王甲乙、杨建华、郑健才．民事诉讼法新论［M］．台北：三民书局，2002.

[18] 李龙．民事诉讼标的理论研究［M］．北京：法律出版社，2003.

[19] 黄松有．中国现代民事审判权论——为民服务型民事审判权的构筑与实践［M］．北京：法律出版社，2003.

[20] 罗筱琦．民事判决研究：根据与对策［M］．北京：人民法院出版社，2006.

[21] 张力．阐明权论［M］．北京：中国政法大学出版社，2006.

[22] 周晖国．民事再审制度理论与实务［M］．北京：人民法院出版社，2006.

[23] 范光群．民事程序法之问题及发展［M］．台北：新学林出版股份有限公司，2007.

[24] 赵钢、占善刚、刘学在．民事诉讼法［M］．武汉：武汉大学出版社，2008.

[25] 相庆梅．从逻辑到经验——民事诉权的一种分析框架［M］．北京：法律出版社，2008.

[26] 辜明安．物权请求权制度研究［M］．北京：法律出版社，2009.

[27] 许可．民事审判方法——要件事实引论［M］．北京：法律出版社，2009.

　　（二）译著

[1] ［日］兼子一、竹下守夫．民事诉讼法［M］．白绿铉译．北京：法律出版社，1995.

[2] ［日］三月章．日本民事诉讼法［M］．汪一凡等译．台北：

五南图书出版公司，1997.

［3］［德］狄特·克罗林庚．德国民事诉讼法律与实务［M］．刘汉富译．北京：法律出版社，2000.

［4］［法］让·文森、塞尔日·金沙尔．法国民事诉讼法要义（上、下）［M］．罗结珍译．北京：中国法制出版社，2001.

［5］［日］中村英郎．新民事诉讼法讲义［M］．陈刚、林剑锋、郭美松译．北京：法律出版社，2001.

［6］［德］奥特马·尧厄尼希．民事诉讼法［M］．周翠译．北京：法律出版社，2003.

［7］［日］高桥宏志．民事诉讼法制度与理论的深层分析［M］．林剑锋译．北京：法律出版社，2003.

［8］［德］汉斯—约阿希姆·穆泽拉克．德国民事诉讼法基础教程［M］．周翠译．北京：中国政法大学出版社，2005.

［9］［日］高木丰三．日本民事诉讼法论纲［M］．陈与年译．北京：中国政法大学出版社，2006.

［10］［日］高桥宏志．重点讲义民事诉讼法［M］．张卫平、许可译．北京：法律出版社，2007.

［11］［日］中村宗雄、中村英郎．诉讼法学方法论［M］．陈刚、段文波译．北京：中国法制出版社，2009.

（三）中文资料、文献

［1］陈荣宗．民事程序法与诉讼标的理论［G］．台北：台湾大学法学丛书编辑委员会编辑，1977.

［2］陈荣宗．举证责任分配与民事程序法（第二册）［G］．台北：台湾大学法学丛书编辑委员会编辑，1984.

［3］杨建华．民事诉讼法论文选辑（上、下）［G］．台北：五南图书出版公司，1984.

［4］民事诉讼法研究基金会．民事诉讼法之研讨（一）［C］．台北：三民书局，1986.

［5］石志泉、杨建华．民事诉讼法释义［M］．台北：三民书局，1987.

［6］民事诉讼法研究基金会．民事诉讼法之研讨（二）［C］．台

北：三民书局，1990.

［7］民事诉讼法研究基金会．民事诉讼法之研讨（三）［C］．台北：三民书局，1990.

［8］民事诉讼法研究基金会．民事诉讼法之研讨（四）［C］．台北：三民书局，1993.

［9］民事诉讼法研究基金会．民事诉讼法之研讨（六）［C］．台北：三民书局，1997.

［10］梁慧星．中国物权法草案建议稿［M］．北京：社会科学文献出版社，2000.

［11］田平安．民事诉讼程序改革热点问题研究［G］．北京：中国检察出版社，2001.

［12］江伟．比较民事诉讼法国际研讨会论文集［G］．北京：中国政法大学出版社，2004.

［13］江伟．《中华人民共和国民事诉讼法》修改建议稿（第三稿）及立法理由［M］．北京：人民法院出版社，2005.

［14］黄松有．中国民事审判前沿（第2集）［G］．北京：法律出版社，2005.

［15］黄松有．《中华人民共和国民事诉讼法》修改的理解与适用［M］．北京：人民法院出版社，2007.

［16］黄松有．《中华人民共和国物权法》条文理解与适用［M］．北京：人民法院出版社，2007.

（四）期刊论文

［1］王锡三．诉的要件与诉的要素是两个不同的概念［J］．现代法学，1986（4）.

［2］姜亚行．论民事诉讼中的变更诉讼请求［J］．法律科学，1990（2）.

［3］汤维建．也论民事诉讼中的变更诉讼请求［J］．法律科学，1991（2）.

［4］李辰章．"诉讼请求"在案件审理中的核心地位［J］．法学，1995（5）.

［5］张晋红．论放弃诉讼请求［J］．政治与法律，1995（5）.

［6］李辰章．谈谈对"诉讼请求"的再认识［J］．法律适用，
　　 1996（6）．

［7］张卫平．论诉讼标的及识别标准［J］．法学研究，1997（4）．

［8］王国征．论诉的变更［J］．中国人民大学学报，1999（6）．

［9］廖中洪、相庆梅．当事人变更诉讼请求的法理思考［J］．西南
　　 政法大学学报，2000（5）．

［10］刘学在．我国民事诉讼处分原则之检讨［J］．法学评论，
　　　 2000（6）．

［11］李仕春．诉之合并制度研究［J］．诉讼法论丛（第 5 卷），
　　　 2000．

［12］陈爱武．论民事诉讼中当事人的认诺［J］．淮阴师范学院学
　　　 报，2001（4）．

［13］张卫平．民事诉讼处分原则重述［J］．现代法学，2001（6）．

［14］朱兴有、郑斌锋．诉的合并与诉讼请求的合并之界定［J］．
　　　 西南民族学院学报（哲学社会科学版），2002（8）．

［15］张晋红．关于中间确认判决制度的立法思考［J］．中国法学，
　　　 2002（5）．

［16］武胜建、叶新火．从阐明看法官诉讼请求变更告知义务［J］．
　　　 法学，2003（3）．

［17］邵明．论民事之诉［J］．北京科技大学学报（社会科学版），
　　　 2003（2）．

［18］许士宦．诉之变更、追加与阐明［J］．台大法学论丛，2003
　　　（3）．

［19］杨书翔．诉的变更制度比较研究［J］．河北法学，2003（4）．

［20］董伟威．对再审发回重审后的一审程序的理解与适用［J］．
　　　 人民司法，2003（12）．

［21］李锦霞、王俊霞．法院宣告合同无效与当事人诉讼请求衔接
　　　 的探讨［J］．广播电视大学学报（哲学社会科学版），2004
　　　（2）．

［22］刘田玉．诉之预备合并的比较与借鉴［J］．环球法律评论，
　　　 2004（2）．

[23] 许士宦. 民事诉讼法修正后之诉讼标的理论 [J]. 台大法学论丛, 2005 (1).

[24] 蒲菊花. 部分请求理论的理性分析 [J]. 现代法学, 2005 (1).

[25] 沈舟平. 中间确认与告知当事人变更诉讼请求 [J]. 浙江工商大学学报, 2005 (1).

[26] 胡智勇. 合同解除权的行使方式——对《合同法》第96条第1款的理解与适用 [J]. 法律适用, 2006 (1-2).

[27] 毕玉谦. 诉的变更之基本架构及对现行法的改造 [J]. 法学研究, 2006 (2).

[28] 张卫平. 民事诉讼"释明"概念的展开 [J]. 中外法学, 2006 (2).

[29] 占善刚. 略论诉之追加 [J]. 法学评论, 2006 (3).

[30] 占善刚、熊洋. 关于二审程序中诉之追加问题的思考 [J]. 甘肃政法学院学报, 2007 (2).

[31] 占善刚、阮志勇. 漏判及其救济刍议 [J]. 海南大学学报 (人文社会科学版), 2007 (4).

[32] 叶自强. 放弃请求制度的理论、释疑和立法建议 [J]. 环球法律评论, 2007 (5).

[33] 黄国昌等. 争点整理后之客观诉之变更追加——以"请求之基础事实同一"为中心 [J]. 法学丛刊, No. 212.

[34] 高为民、王云良、陈静英. 预备合并之诉的裁判规则 [J]. 人民司法·案例, 2008 (14).

[35] 赵泽君. 民事裁判遗漏的补充判决制度 [J]. 政法论坛, 2008 (4).

[36] 梁开斌. 论诉讼请求的分割 [J]. 中国福建省委党校学报, 2008 (9).

[37] 傅郁林. 先决问题与中间裁判 [J]. 中国法学, 2008 (6).

[38] 姜世明. 诉之声明之明确性原则 [J]. 月旦法学教室, 2009 (3).

[39] 王洪亮. 实体请求权与诉讼请求权之辩——从物权确认请求

权谈起 [J]. 法律科学, 2009 (2).

[40] 施付阳、张翔. 民事诉讼理由与裁判理由的冲突及其模式选择 [J]. 法律适用, 2009 (8).

[41] 潘庆林. 关于再审程序中原告撤回起诉的若干问题 [J]. 法律适用, 2010 (2-3).

(五) 法律法规、司法解释

[1]《中华人民共和国民事诉讼法》(2017 年修订)

[2]《德意志联邦共和国民事诉讼法》(2001 年修订)

[3]《日本新民事诉讼法》(1996 年修订)

[4]《法国新民事诉讼法典》(1975 年修订)

[5]《美国联邦民事诉讼规则》(1938 年颁布)

[6]《英国民事诉讼规则》(1999 年修订)

[7] 我国台湾地区"民事诉讼法"(2003 年修订)

[8]《最高人民法院关于适用〈中华人民共和国合同法〉若干问题的解释(一)》(法释 [1999] 19 号)

[9]《最高人民法院关于确定民事侵权精神损害赔偿责任若干问题的解释》(法释 [2001] 7 号)

[10]《最高人民法院关于民事诉讼证据的若干规定》 (法释 [2001] 33 号, 法释 [2019] 19 号)

[11]《最高人民法院关于审理人身损害赔偿案件适用法律若干问题的解释》(法释 [2003] 20 号)

[12]《最高人民法院关于人民法院民事调解工作若干问题的规定》(法释 [2004] 12 号)

[13]《诉讼费用交纳办法》(中华人民共和国国务院令第 481 号)

[14]《最高人民法院关于适用〈中华人民共和国民事诉讼法〉审判监督程序若干问题的解释》(法释 [2008] 14 号)

[15]《最高人民法院关于适用〈中华人民共和国民事诉讼法〉的解释》(法释 [2015] 5 号)

后 记

本书是我的博士学位论文修订而成，初稿完成于 2009 年 12 月。今年，在占善刚教授的鼓励、督促和帮助下，我对论文进行了修订，重点就与 2012 年民诉法修正相关的内容做了修改，并为论文述及的相关重要实务问题增加了典型裁判案例。感谢老同学兼老友武汉大学出版社张欣编辑，使本书得以顺利出版。感谢我的导师赵钢教授，给了我攻读硕士、博士学位的机会。感谢刘学在教授在论文写作期间提供了不少台湾地区文献资料。也感谢我的家人给我提供了不断向前的定力与动力。

从答辩到今天，一晃已有十年。重拾年轻时的研究课题，既有庆幸，也有遗憾。庆幸的是，当年写作并未敷衍，尽管有些观点还不太成熟，有些论述也显得粗糙，但文中提出的一些问题当下仍有研究价值，有论点仍在被权威及核心期刊文章援引。遗憾的是，十年来先后在审判机关和企业法务部门工作，既没有实现年轻时学一点德文或日文以获取一手研究资料的愿望，也没有在毕业后及时将论文整理发表，更无谈在其基础上有所推进。这次博士学位论文修订出版，对我而言是人生重要的事件，它凝聚着我青春年华里付出的巨大努力，也印刻着我十余年职业生涯的体会和思考，更提醒我在未来不放弃作为一名法律研习者的角色。

朱建敏

2019 年 12 月